今日は、どれ作る?

パスタ365

阪下千恵

はじめに

みなさんの思い出のパスタは何ですか？

私が真っ先に思い浮かべるのは、トマトジュースとツナ缶を合わせただけのシンプルなパスタ。初めて一人暮らしを始めたとき、とりあえず「おなかがすいた！」「何もない！」というときの定番でした。作り方はいたってシンプル。トマトジュースにツナ缶とコンソメ、ゆでたスパゲティを混ぜるだけ。時間もない、お金もない、やる気も出ない、という3《スリー》ないのときでも、気もちもおなかも大満足。夏は冷たくして、冬はスパゲティと一緒に炒めればオールシーズンＯＫ。食欲がないときや、長女を妊娠中のつわりのときでさえ、なぜかこれだけは食べられたものでした。

子どもの頃、母が作ってくれたのはミートソースとナポリタンだけでしたが、ゆでたスパゲティとソース、具材を掛け合わせることで無限大に広がるパスタの世界は、料理初心者だった当時の私が料理好きになるきっかけでもありました。気がついたら、今は料理が仕事になっています。

この本では、定番はもちろんですが、「その組み合わせあり?!」という新感覚パスタ、超スピードパスタもたくさん紹介しています。毎日食べても飽きない、無限においしさが広がるパスタをぜひお楽しみください。

阪下千恵

CONTENTS

PART1 毎日パスタ

何度も食べたい 定番パスタ

1品で大満足 ボリュームパスタ

肉

※レシピ名の下についているマークはパスタソースの種類です。
●はトマト系、●はオイル系、●はクリーム系、●は和風、●はその他

※→はアレンジレシピです。

CONTENTS

※レシピ名の下についているマークはパスタソースの種類です。
●はトマト系、●はオイル系、●はクリーム系、●は和風、●はその他

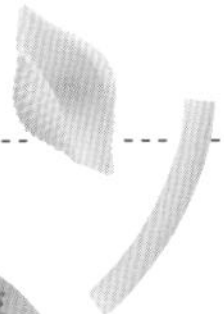

あの料理をパスタで 新感覚パスタ

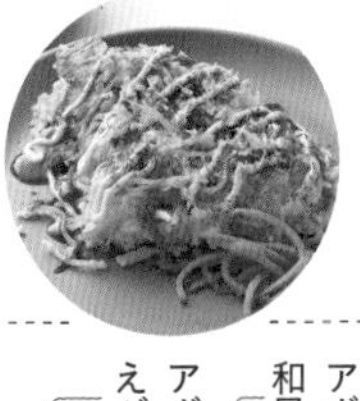

PART 2 お出かけパスタ

喫茶店&カフェ風パスタ

喫茶店風

カフェ風

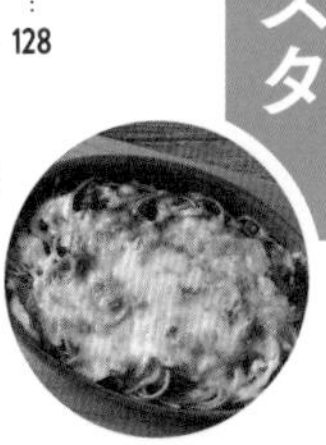

※→はアレンジレシピです。

PART 3 シーン別パスタ

休日パスタ

おもてなし

※レシピ名の下についているマークはパスタソースの種類です。
● はトマト系、● はオイル系、● はクリーム系、● は和風、● はその他

おつまみ

忙しい日の手間なしパスタ

火を使わない

フライパン1つ

混ぜるだけ

※→はアレンジレシピです。

CONTENTS

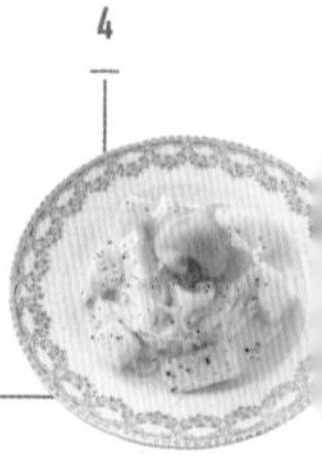

※レシピ名の下についているマークはパスタソースの種類です。
●はトマト系、●はオイル系、●はクリーム系、●は和風、●はその他

あったか焼きパスタ

PART 4 作りおきパスタ

冷凍作りおきパスタ

作りおきパスタソース

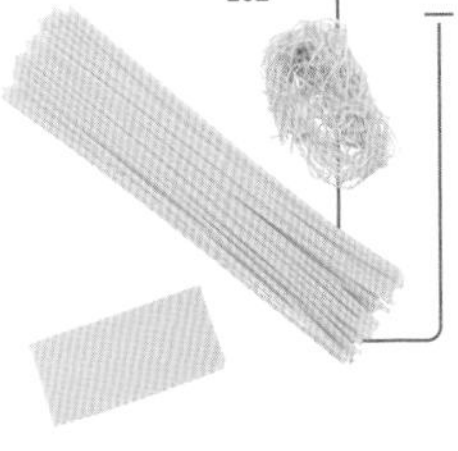

※→はアレンジレシピ、⋯→はそれぞれのソースを使ったパスタのレシピです。

今日のパスタは何にしよう？

いろんな気分で作れる、バリエーションパスタ

みんなで楽しむ 取り分けパスタ

ペスカトーレ
P31

ワイワイパスタ

カルボナーラ
P19

お店パスタをおうちで再現

VARIATION PASTA

陽気に

楽しむパスタ

休日のランチは
ご褒美パスタ

パルメザンチーズ
たっぷりのせ
厚切りベーコンのパスタ
P166

のんびり過ごす休日飲みパスタ

アボカドのガーリックマヨパスタ
P176

VARIATION PASTA ゆったり

本書の見方＆使い方

❶ シーン・特徴別アイコン

シーンに合わせてチョイスできるように、それぞれのレシピにアイコンをつけています。

- おつまみにも
- シンプルパスタ
- おやつにも
- クイックパスタ
- おもてなしにも
- ボリュームパスタ
- お弁当にも
- ピリ辛パスタ
- 人気パスタ
- 和風パスタ

❷ 材料

基本は２人分で表記。ただし、作りやすいよう、お弁当パスタ（P98 ～ 99）、忙しい日の手間なしパスタ（P190 ～ 207）、スープパスタ（P208 ～ 209）、スイーツパスタ（P222 ～ 223）は１人分、ラザニア（P234）は２～３人分で表記しています。

❸ おいしくなるポイント

おいしく仕上げるポイントや、調理の際に気をつけること、ちょっとした豆知識を紹介しています。

1 人気パスタ
たらこクリームパスタ
薄ピンクのかわいい色合いに癒やされます
3 塩味のあるたらこを使うから、塩は半量にします。

2 材料（2人分）
スパゲティ（1.6㎜）……200g
たらこ……1腹（70g）
A 牛乳……1/2カップ
生クリーム……1/4カップ
しょうゆ……小さじ2
黒こしょう……適量

1 たらこは薄皮から中身を出してほぐす。
2 スパゲティは基本のゆで方（P16）の半量の塩を入れて表示時間どおりにゆで、ザルに上げる（ゆで汁大さじ２は取っておく）。
3 2の鍋にA、ゆで汁、スパゲティを入れ、弱火～中火で30秒ほど混ぜながら温め、とろみがついたら火を止める。1を加えて混ぜ、器に盛り、黒こしょうをふる。

4 たらこクリームパスタのアレンジ
たらこ豆乳クリームパスタ
牛乳を豆乳に替えるとさっぱりした味わいに
「たらこクリームパスタ」のAの牛乳1/2カップ→豆乳1/2カップにする。

和風パスタ
明太子パスタ

❹ 簡単アレンジでもう一品

材料を替えたり、加えたり……、簡単なアレンジレシピつき！

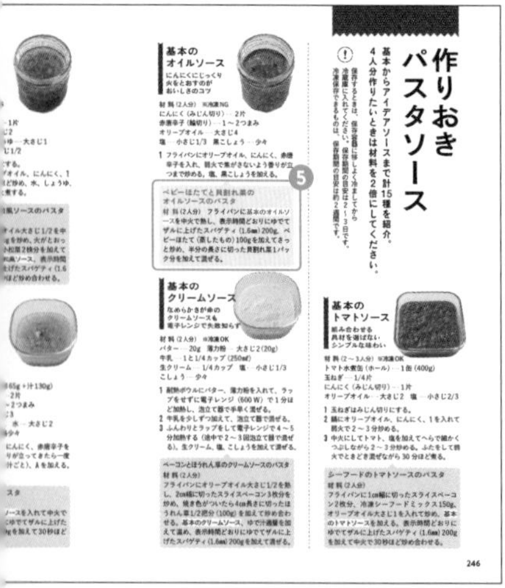

作りおきパスタソース
基本からアイデアソースまで計15種を紹介。4人分作りたいときは材料を2倍にしてください。
保存するときは、保存容器に移しよく冷ましてから冷蔵庫に入れてください。保存期間の目安は２～３日です。冷凍保存できるものは、保存期間の目安は約２週間です。

基本のオイルソース
にんにくにじっくり火をとおすのがおいしさのコツ
材料（2人分）※冷凍NG
にんにく（みじん切り）……2片
赤唐辛子（輪切り）……1～2つまみ
オリーブオイル……大さじ4
塩……小さじ1/3　黒こしょう……少々
1 フライパンにオリーブオイル、にんにく、赤唐辛子を入れ、弱火で焦がさないよう香りが立つまで炒める。塩、黒こしょうを加える。

5 ベビーほたてと貝割れ菜のオイルソースのパスタ
材料（2人分）フライパンに基本のオイルソースを中火で熱し、表示時間どおりにゆでてザルに上げたスパゲティ（1.6㎜）200g、ベビーほたて（蒸したもの）100gを加えてさっと炒め、半分の長さに切った貝割れ菜1パック分を加えて混ぜる。

基本のクリームソース
なめらかさが命のクリームソースも電子レンジで失敗知らず
材料（2人分）※冷凍OK
バター……20g　薄力粉……大さじ2（20g）
牛乳……1と1/4カップ（250㎖）
生クリーム……1/4カップ　塩……小さじ1/3
こしょう……少々
1 耐熱ボウルにバター、薄力粉を入れて、ラップをせずに電子レンジ（600Ｗ）で１分ほど加熱し、泡立て器で手早く混ぜる。
2 牛乳を少しずつ加えて、泡立て器で混ぜる。
3 ふんわりとラップをして電子レンジで４～５分加熱する（途中で２～３回泡立て器で混ぜる）。生クリーム、塩、こしょうを加えて混ぜる。

ベーコンとほうれん草のクリームソースのパスタ
材料（2人分）
フライパンにオリーブオイル大さじ1/2を熱し、2㎝幅に切ったスライスベーコン3枚分を炒め、焼き色がついたら4㎝長さに切ったほうれん草1/2把分（100g）を加えて炒め合わせる。基本のクリームソース、ゆで汁適量を加えて温め、表示時間どおりにゆでてザルに上げたスパゲティ（1.6㎜）200gを加えて混ぜる。

基本のトマトソース
組み合わせる具材を選ばないシンプルな味わい
材料（2～3人分）※冷凍OK
トマト水煮缶（ホール）……1缶（400g）
玉ねぎ……1/4個
にんにく（みじん切り）……1片
オリーブオイル……大さじ2　塩……小さじ2/3
1 玉ねぎはみじん切りにする。
2 鍋にオリーブオイル、にんにく、1を入れて弱火で２～３分炒める。
3 中火にしてトマト、塩を加えてへらで細かくつぶしながら２～３分炒める。ふたをして弱火でときどき混ぜながら30分ほど煮る。

シーフードのトマトソースのパスタ
材料（2人分）
フライパンに1㎝幅に切ったスライスベーコン2枚分、冷凍シーフードミックス150g、オリーブオイル大さじ1を入れて炒め、基本のトマトソースを加える。表示時間どおりにゆでてザルに上げたスパゲティ（1.6㎜）200gを加えて中火で30秒ほど炒め合わせる。

246

❺ パスタソースを使って一品

上で紹介しているソースを使ったパスタのレシピつきです。

この本の決まり

- 小さじ１は５㎖、大さじ１は15㎖、１カップは200㎖です。
- 材料に表記しているｇは特に記載がない限り、皮やヘタ、種などを取り除いた正味の重量です。
- 野菜を洗う、皮をむく、ヘタや種を除くなどの基本的な下準備は省略しています。
- 調理時間は目安です。肉や魚介など加熱が必要なものは、中までしっかり火をとおしてください。
- ほうれん草は、下ゆでせずにそのまま使っています。アク（シュウ酸）が気になる方は、たっぷりの湯でさっとゆでて水に取って冷まし、水気をしぼってから使用してください。
- フライパンはフッ素樹脂加工のものを使用しています。ほかの素材のものを使う場合は、適宜油をなじませてから使用してください。
- 電子レンジの加熱時間は600Ｗ、オーブントースターの加熱時間は1000Ｗのものを基準にしています。メーカーや機種によって異なりますので、様子をみながら加熱してください。

PART 1

毎日パスタ

みんな大好き定番パスタに
肉や魚介入りのボリュームパスタ、
野菜たっぷりのヘルシーパスタ……。
朝でも昼でも夜でも、そして平日でも休日でも
気軽に食べられる気取りのない普段着パスタです。

何度も食べたい
定番パスタ

1品で大満足
ボリュームパスタ

野菜たっぷり
パスタ

さっぱり食べたい
和風パスタ

あの料理をパスタで
新感覚パスタ

何度も食べたい定番パスタ

お店でも人気のミートソースや
カルボナーラ、ペペロンチーノ……。
市販のソースを使わなくても
とっても簡単に作れるんです！

ミートソース

作り方は P20

カルボナーラ

作り方は P21

人気パスタ

ミートソース

簡単なのに、こんなにおいしい！
肉のうま味をしっかり感じられます

材 料（2人分）

スパゲティ（1.6㎜）……… 200g
合いびき肉……… 200g
玉ねぎ……… 1/4個
にんにく（みじん切り）……… 1片
オリーブオイル……… 大さじ1
A　トマト水煮缶（カット）……… 300g
　水……… 1/4カップ
　赤ワイン（あれば）……… 大さじ1
　塩……… 小さじ1/5
粉チーズ……… 大さじ2
パセリ（みじん切り）、
　粉チーズ（トッピング用）……… 各適量

1 玉ねぎはみじん切りにする。

2 フライパンにひき肉を入れて中火で炒め、オリーブオイル、にんにく、1を加えて3〜4分炒め合わせる。玉ねぎがしっとりしたらAを加えてトマトをへらでつぶしながら一度煮立たせ、ふたをして弱火で3〜4分煮る。粉チーズを加えて混ぜる。

3 スパゲティは表示時間どおりにゆで、ザルに上げる。2に加えて30秒ほど炒め合わせる。器に盛り、パセリを散らし、粉チーズをふる。

出てきた脂が気になる場合は、ペーパータオルなどでふき取りましょう。

ミートソースのアレンジ

大豆入りミートソース

植物性たんぱく質もとれる
ヘルシーバージョン

「ミートソース」の合いびき肉200g→100gにし、蒸し大豆100gを加える。大豆は刻んで、ひき肉と一緒に炒める。

人気パスタ

カルボナーラ

ソースがボソボソしない！
自慢したくなる本格的なおいしさ

材料（2人分）

スパゲティ（1.6㎜）……… 200g
スライスベーコン……… 4枚
にんにく（みじん切り）……… 1/2片
A
- 卵……… 2個
- 生クリーム……… 1/2カップ
- 粉チーズ……… 大さじ2
- 塩、こしょう……… 各少々

オリーブオイル……… 大さじ1
白ワイン……… 大さじ2
黒こしょう、粉チーズ……… 各適量

1 大きめのボウルに**A**を入れ、卵白を切るように泡立て器でしっかり混ぜておく。ベーコンは2㎝幅に切る。

2 フライパンにオリーブオイル、にんにく、ベーコンを入れて弱火で炒め、にんにくの香りが立ったら火を少し強めてベーコンに焼き色がつくまで炒める。白ワインを加えて一度煮立たせ、火を止める。

3 スパゲティは表示時間どおりにゆで、ザルに上げる（ゆで汁1/4カップは取っておく）。**2**にスパゲティ、ゆで汁を加えて混ぜ、**1**のボウルに加えて手早く混ぜる。余熱でとろみがついたら器に盛り、黒こしょう、粉チーズをふる。

黒こしょうをたっぷりふると、味が引き締まります。

カルボナーラのアレンジ

コーン入りカルボナーラ

子どもが喜ぶ
甘めの仕上がりです

「カルボナーラ」にホールコーン50gを加える。コーンはベーコンと一緒に炒める。

シンプルパスタ

ペペロンチーノ

いつでも食べたい、飽きのこない味！

生のパセリがない場合は、ドライパセリでもＯＫです。

材 料（2人分）

スパゲティ（1.6㎜）……… 200g
にんにく（みじん切り）……… 2片
オリーブオイル……… 大さじ4
赤唐辛子……… 2本
塩……… 適量
パセリ（みじん切り）……… 大さじ1

1 赤唐辛子は半分に折って種を除く。
2 スパゲティは表示時間どおりにゆで、ザルに上げる（ゆで汁大さじ３は取っておく）。
3 フライパンにオリーブオイル、にんにく、1を入れて弱火で炒め、にんにくの香りが立ったらスパゲティ、ゆで汁を加えて30秒ほど炒め合わせ、塩で味をととのえる。器に盛り、パセリを散らす。

ペペロンチーノのアレンジ

和風ペペロンチーノ

青じそ、しょうがで
和のテイストに

「ペペロンチーノ」のパセリ（みじん切り）大さじ１→青じそ（千切り）４枚にし、しょうが（みじん切り）小さじ１を加える。しょうがはにんにくと一緒に炒め、青じそは器に盛ったあとにのせる。

人気パスタ

ナポリタン

みんな大好き！ 懐かしのあの味

材 料（2人分）

スパゲティ（1.6㎜）……… 200g
玉ねぎ……… 1/3個
ピーマン……… 2個
粗びきウィンナー……… 4本
オリーブオイル……… 大さじ2
A｜トマトケチャップ……… 大さじ5
　｜ウスターソース……… 大さじ1/2
　｜コンソメ（顆粒）……… 小さじ1/2
　｜こしょう……… 少々
粉チーズ、パセリ（みじん切り）
……… 各適量

1 玉ねぎは薄切り、ピーマンは5㎜幅の輪切り、ウィンナーは3～4等分の斜め切りにする。

2 フライパンにオリーブオイルを熱し、1を入れて中火で3～4分炒める。玉ねぎに火がとおったらAを加えて1分ほど炒め合わせる。

ここで冷蔵庫にあるきのこやキャベツなどを加えてもおいしいです。

3 スパゲティは表示時間どおりにゆで、ザルに上げる。2に加えて30秒ほど炒め合わせる。器に盛り、粉チーズをふり、パセリを散らす。

和風パスタ

明太子パスタ

忙しいときでも気負わず、すぐに作れます

材 料（2人分）

スパゲティ（1.6㎜）……… 200g
明太子……… 1腹（70g）
A｜バター……… 10g
　｜しょうゆ……… 小さじ1と1/2
　｜和風だし（顆粒）……… 小さじ1/2
刻みのり……… 適量

1 明太子は薄皮から中身を出してほぐし、ボウルに入れ、Aを加える。

2 スパゲティは塩を入れずに表示時間どおりにゆで、ザルに上げる（ゆで汁大さじ4は取っておく）。1に熱いうちにスパゲティ、ゆで汁を加えて混ぜる。器に盛り、のりをのせる。

明太子、しょうゆで味がつくので、スパゲティは塩を入れずにゆでます。

明太子パスタのアレンジ

いか明太子パスタ

いかのうま味と食感が加わり
食べごたえがアップ！

「明太子パスタ」にいか（刺身用）100gを加える。いかは薄切りにし、明太子と一緒にボウルに入れる。

人気パスタ

たらこクリームパスタ

薄ピンクのかわいい色合いに癒やされます

塩味のあるたらこを使うから、塩は半量にします。

材料（2人分）

- スパゲティ（1.6㎜）……… 200g
- たらこ……… 1腹（70g）
- A
  - 牛乳……… 1/2カップ
  - 生クリーム……… 1/4カップ
  - しょうゆ……… 小さじ2
- 黒こしょう……… 適量

1 たらこは薄皮から中身を出してほぐす。

2 スパゲティは基本のゆで方 P36 の半量の塩を入れて表示時間どおりにゆで、ザルに上げる（ゆで汁大さじ 2 は取っておく）。

3 2の鍋に A、ゆで汁、スパゲティを入れ、弱火～中火で 30 秒ほど混ぜながら温め、とろみがついたら火を止める。1を加えて混ぜ、器に盛り、黒こしょうをふる。

たらこクリームパスタのアレンジ

たらこ豆乳クリームパスタ

牛乳を豆乳に替えると
さっぱりした味わいに

「たらこクリームパスタ」の A の牛乳 1/2 カップ→無調整豆乳 1/2 カップにする。

おつまみにも

ボンゴレビアンコ

キーンと冷やした白ワインに合わせたい！

あさりにもスパゲティにも塩分があるので、必ず味をみてから。

材料（2人分）

スパゲティ（1.6㎜）……… 200g
あさり（砂抜き済み）……… 350g
にんにく（みじん切り）……… 2片
オリーブオイル……… 大さじ4
赤唐辛子（輪切り）……… ひとつまみ
白ワイン……… 大さじ3
パセリ（みじん切り）……… 大さじ1と1/2
塩……… 適量

1 あさりはこすり合わせてよく洗い、ザルに上げて水気をきる。

2 フライパンにオリーブオイル大さじ2、にんにくを入れて弱火で炒める。にんにくの香りが立ったら**1**、赤唐辛子、白ワインを加えて一度中火で煮立たせ、ふたをして弱火で3～4分、あさりの口が開くまで加熱する。

3 スパゲティは表示時間どおりにゆで、ザルに上げる（ゆで汁大さじ4は取っておく）。**2**にスパゲティ、残りのオリーブオイル、パセリ、ゆで汁を加えて30秒ほど炒め合わせる。味をみて足りなければ塩でととのえる。

ボンゴレビアンコのアレンジ

はまぐりのボンゴレビアンコ

身が大きいはまぐりで
ぜいたく気分♪

「ボンゴレビアンコ」のあさり（砂抜き済み）350g→はまぐり（砂抜き済み）350～400g、パセリ（みじん切り）大さじ1と1/2→三つ葉（2㎝長さに切る）2本にする。

おつまみにも

ボンゴレロッソ

トマトソースにすればボンゴレロッソに

材 料（2人分）

スパゲティ（1.6㎜）……… 200g
あさり（砂抜き済み）……… 250g
にんにく（みじん切り）……… 1片
オリーブオイル ……… 大さじ2
A
- トマト水煮缶（ホール）……… 300g
- 白ワイン ……… 大さじ2
- ドライハーブ（バジルやオレガノ）……… 小さじ1/3
- こしょう ……… 少々

塩 ……… 適量

トマトはフライパンの中でしっかりつぶして、ピューレ状にしてください。

1 あさりはこすり合わせてよく洗い、ザルに上げて水気をきる。

2 フライパンにオリーブオイル、にんにくを入れて弱火で炒める。にんにくの香りが立ったら **1**、**A** を加えて、トマトをへらでつぶす。一度中火で煮立たせ、ふたをして弱火で３～４分、あさりの口が開くまで加熱する。

3 スパゲティは表示時間どおりにゆで、ザルに上げる（ゆで汁大さじ４は取っておく）。**2** にスパゲティ、ゆで汁を加えて 30 秒ほど炒め合わせる。味をみて足りなければ塩でととのえる。

ボンゴレロッソのアレンジ

ズッキーニ入り ボンゴレロッソ

野菜を加えて味と見た目に変化を

「ボンゴレロッソ」にズッキーニ 1/2 本を加える。ズッキーニはピーラーで薄くリボン状に削り、スパゲティと一緒に炒め合わせる。

ピリ辛パスタ

ペンネアラビアータ

ピリッと効いた辛味に、気分もしゃっきり！

なければ、普通のパセリをのせたり、ドライパセリをふってもＯＫです。

材 料（2人分）

ペンネ……160g
にんにく（みじん切り）……2片
オリーブオイル……大さじ3
赤唐辛子（輪切り）……1～2つまみ
A トマト水煮缶（ホール）……300g
白ワイン……大さじ2
コンソメ（顆粒）……小さじ1
こしょう……少々
塩、イタリアンパセリ……各適量

1 ペンネは表示時間どおりにゆで、ザルに上げる（ゆで汁大さじ2は取っておく）。

2 フライパンにオリーブオイル、にんにくを入れて弱火で炒める。にんにくの香りが立ったら赤唐辛子、**A**を加えて、トマトをへらでつぶす。一度中火で煮立たせ、途中で混ぜながら3～4分煮る。

3 **2**に**1**、ゆで汁を加えて1分ほど炒め合わせる。味をみて足りなければ塩でととのえる。器に盛り、イタリアンパセリをのせる。

ペンネアラビアータのアレンジ

ペンネアラビアータのトースター焼き

チーズをのせて軽く焼けば
いつもと違った味わいに

「ペンネアラビアータ」にカマンベールチーズ1/2個を加える。耐熱容器にペンネアラビアータを入れ、チーズをちぎってのせる。オーブントースター（1000W）でチーズが軽く溶けるまで5分ほど焼く。

クイックパスタ

ジェノベーゼ

おしゃれなパスタも意外と簡単！

材料（2人分）

スパゲティ（1.6㎜）……… 200g

バジルの葉……… 25g

A

- オリーブオイル……… 大さじ3と1/2
- 粉チーズ……… 大さじ1と1/2
- 松の実……… 10g
- にんにく……… 1/2～1片
- 塩……… 小さじ1/3

粉チーズ……… 適量

1 バジルの葉は洗って水気をペーパータオルでしっかりふきフードプロセッサーに入れる。Aを加えて攪拌し、ペースト状にする。

2 スパゲティは表示時間どおりにゆで、ザルに上げる（ゆで汁大さじ1は取っておく）。

3 2の鍋にスパゲティ、1、ゆで汁を入れて中火で30秒ほど炒めてなじませる。器に盛り、粉チーズをふる。

ジェノベーゼソースは最初に全部入れず、味をみながら量を調節してください。

ジェノベーゼのアレンジ

えび入りジェノベーゼ

えびを加えてボリュームアップ！

「ジェノベーゼ」にゆでえび100gを加える。えびはスパゲティ、ジェノベーゼソースと一緒に炒める。

人気パスタ

アマトリチャーナ

ボリュームあるブロックベーコンにトマトを加えて煮詰めます

材料（2人分）

- スパゲティ（1.6㎜）……… 200g
- ブロックベーコン ……… 60g
- 玉ねぎ……… 1/3個
- にんにく（みじん切り）……… 1片
- オリーブオイル……… 大さじ2
- A トマト水煮缶（ホール）……… 300g
- A 塩……… 小さじ1/3
- 塩、粉チーズ……… 各適量

ブロックのほうが食べごたえがありますが、なければスライスでもOKです。

1 ベーコンは1㎝角の棒状に切る。玉ねぎはみじん切りにする。

2 フライパンにオリーブオイル、1を入れてベーコンに焼き色がつくまで3～4分炒める。さらににんにくを加えて香りが立つまで1～2分炒め合わせる。Aを加えて一度煮立たせ、トマトをへらでつぶしながら2分ほど煮る。

3 スパゲティは表示時間どおりにゆで、ザルに上げる（ゆで汁1/4カップは取っておく）。2にスパゲティ、ゆで汁を加えて中火で30秒ほど炒め合わせる。味をみて足りなければ塩でととのえる。器に盛り、粉チーズをふる。

アマトリチャーナのアレンジ

ベーコンのトマトクリームパスタ

生クリームを加えて酸味をまろやかに

「アマトリチャーナ」に生クリーム大さじ2を加える。生クリームはスパゲティと一緒に炒め合わせる。

おもてなしにも

ペスカトーレ

大切な人に振る舞いたい、ごちそうパスタ！

材 料（2人分）

スパゲティ（1.6㎜）……… 200g
あさり（砂抜き済み）……… 150g
有頭えび（赤えびなど）……… 4尾
ベビーほたて（蒸したもの）……… 100g
にんにく（みじん切り）……… 1片
塩……… 適量
赤唐辛子……… 1本
オリーブオイル……… 大さじ2
A | トマト水煮缶（ホール）……… 300g
　| 白ワイン……… 大さじ3

剣先は尖った部分。尾先や剣先は汚れや水がたまっていることがあります。

1 あさりはこすり合わせてよく洗い、ザルに上げて水気をきる。えびは背わたを除き、尾先、剣先を切り落とし、塩をふって軽くもんで洗い流し、水気をしっかりふく。赤唐辛子は半分に折って種を除く。

2 フライパンにオリーブオイル、にんにく、赤唐辛子を入れて弱火で炒める。にんにくの香りが立ったらあさり、えび、ほたて、Aを加えて、トマトをへらでつぶす。一度中火で煮立たせ、ふたして3～5分、あさりの口が開くまで加熱する。

3 スパゲティは表示時間どおりにゆで、ザルに上げる。2に加えて30秒ほど炒め合わせる。味をみて足りなければ塩でととのえる。

ペスカトーレのアレンジ

シーフードミックスのペスカトーレ

冷凍シーフードミックスを使った
お手軽バージョン

「ペスカトーレ」の有頭えび（赤えびなど）4尾→冷凍シーフードミックス150gにする。シーフードミックスは解凍しておき、あさりなどと一緒に加えて煮る。

ピリ辛パスタ

なすとベーコンのトマトパスタ

なす、ベーコン、トマト。相性抜群の素材をひと皿で

材料（2人分）

スパゲティ（1.6㎜）……… 200g
なす……… 2本
スライスベーコン……… 3枚
にんにく（みじん切り）……… 1片
オリーブオイル……… 大さじ2
A トマト水煮缶（ホール）……… 400g
砂糖、赤唐辛子（輪切り）……… 各ひとつまみ
コンソメ（顆粒）……… 小さじ1/2
黒こしょう……… 少々
塩……… 適量

1 なすは1㎝厚さの輪切りにする。ベーコンは2㎝幅に切る。

2 フライパンにオリーブオイル、にんにくを入れて弱火で炒め、にんにくの香りが立ったら**1**を加えて2～3分炒め合わせる。**A**を加え、トマトをへらでつぶす。一度中火で煮立たせ、なすがやわらかくなるまで4～5分煮る。

3 スパゲティは表示時間どおりにゆで、ザルに上げる。**2**に加えて30秒ほど炒め合わせる。味をみて足りなければ塩でととのえる。

しっかり炒めてなすに油を吸わせるのがおいしさのポイント！

なすとベーコンのトマトパスタのアレンジ

なすとチョリソーのトマトパスタ

ピリ辛ソーセージとチリパウダーでスパイシーな味わいに

「なすとベーコンのトマトパスタ」のスライスベーコン3枚→チョリソーソーセージ3本にし、**A**にチリパウダー小さじ1/3を加える。チョリソーは3～4等分の斜め切りにし、なすと一緒に炒め合わせる。

シンプルパスタ

ほうれん草とツナのクリームパスタ

ほっとしたいときに食べたいやさしい味

材料（2人分）
スパゲティ（1.6㎜）……… 200g
ほうれん草……… 1/2把（100g）
玉ねぎ……… 1/3個
ツナ缶（油漬け）……… 70g
にんにく（みじん切り）……… 1/2片
バター……… 20g
薄力粉……… 大さじ2
A | 牛乳……… 1と1/2カップ
　| コンソメ（顆粒）……… 小さじ1
　| こしょう……… 少々
塩……… 適量

1 ほうれん草は4cm長さに切る。玉ねぎは薄切りにする。ツナは缶汁をきる。

2 フライパンにバター、にんにく、玉ねぎを入れて弱火で炒め、にんにくの香りが立ったら薄力粉を全体にふって1～2分炒め合わせる。**A**を加え弱火～中火で、混ぜながら煮てとろみをつける。

3 スパゲティは表示時間どおりにゆで、ザルに上げる。**2**にスパゲティ、ほうれん草、ツナを加えて30秒ほど炒め合わせる。味をみて足りなければ塩でととのえる。

へらで混ぜたときに、底が見えるくらいのとろみになるまで煮ます。

おつまみにも

キャベツとアンチョビのパスタ

1人飲みのお供にも！ 大人味のシンプルパスタ

材料（2人分）

スパゲティ（1.6㎜）……… 200g
キャベツ ……… 150g
アンチョビペースト ……… 小さじ3～4
にんにく（みじん切り）……… 2片
オリーブオイル ……… 大さじ4
赤唐辛子（輪切り）……… ひとつまみ
黒こしょう ……… 少々

1 キャベツは4cm四方に切る。

2 フライパンにオリーブオイル大さじ2、にんにく、赤唐辛子を入れて弱火で炒める。にんにくの香りが立ったら1を加えて中火で2～3分炒め合わせ、アンチョビペーストを加えて混ぜる。

3 スパゲティは表示時間どおりにゆで、ザルに上げる（ゆで汁大さじ3は取っておく）。2にスパゲティ、残りのオリーブオイル、ゆで汁を加えて30秒ほど炒め合わせる。器に盛り、黒こしょうをふる。

シャキシャキ、やわらかめなど、キャベツの火のとおし具合はお好みで。

キャベツとアンチョビのパスタのアレンジ

ささみとキャベツとアンチョビのパスタ

ささみを加えてボリュームアップ！

「キャベツとアンチョビのパスタ」に鶏ささみ2本を加える。ささみは筋を除いてそぎ切りにし、キャベツと一緒に炒め合わせる。

おもてなしにも

えびのトマトクリームパスタ

材料はシンプル・簡単なのに本格的な味わい

生クリームは分離しないように、最後に加えるのがポイント！

材料（2人分）

スパゲティ（1.6㎜）……… 200g
むきえび（大）……… 160g
玉ねぎ……… 1/3個
にんにく（みじん切り）……… 1片
塩……… 適量
オリーブオイル……… 大さじ2
生クリーム……… 大さじ3

A
- トマト水煮缶（ホール）……… 300g
- 白ワイン……… 大さじ2
- コンソメ（顆粒）……… 小さじ1
- 黒こしょう、塩……… 各少々

1 えびは背わたを除き、塩をふって軽くもんで洗い流し、水気をしっかりふく。玉ねぎは薄切りにする。

2 フライパンにオリーブオイル、にんにく、**1**を入れて弱火で炒め、にんにくの香りが立ったらさらに中火で2分ほど炒める。**A**を加えて、トマトをへらでつぶしながら一度煮立たせ、4分ほど煮る。

3 スパゲティは表示時間どおりにゆで、ザルに上げる（ゆで汁大さじ3は取っておく）。**2**にスパゲティ、ゆで汁、生クリームを加えて30秒ほど炒め合わせる。

えびのトマトクリームパスタのアレンジ

ミートボールの トマトクリームパスタ

ミートボール入りなら子どもが大喜びしそう

「えびのトマトクリームパスタ」のむきえび（大）160g→ミートボール（市販）8～10個にする。ミートボールは**A**と一緒に加えて煮る。

COLUMN 1

パスタの基本のゆで方をマスター

パスタをおいしく仕上げるには、ゆで方が重要です。
コツをしっかりマスターして、段取りよく作りましょう。

ゆで方のコツ

1. たっぷりの湯と塩でゆでる。湯1.5ℓにつき塩小さじ3が目安
2. ゆで始めるタイミングは、ソースのでき上がり時間から逆算して
3. 袋の表示時間はソースとからめる時間も含めたものなので、基本は30秒短くゆでる

スパゲティ同士がくっつかないようにたっぷりの湯を用意

1

鍋（P40参照）にたっぷりの水を入れて強火にかけ、湯を沸かす。最低でも湯は1.5ℓを用意する。

早く塩を入れるとなかなか沸騰しないので必ず沸騰してから！

2

沸騰したら塩を入れて、完全に溶かす。湯1.5ℓにつき小さじ3が目安。

スパゲティの投入も必ず沸騰してから！

3

鍋の真上でスパゲティをねじって握る。

ロングパスタの場合

食べるときに少し歯ごたえのある状態「アルデンテ」を目指してゆで上げます。必ずキッチンタイマーをセットして、ゆで時間をはかりましょう。

スパゲティが
放射状に広がり
くっつきにくい

4

一気に手を離して、スパゲティを鍋に落とす。

火加減は静かに
沸騰するくらいの
中火〜弱火にする

5

再び沸騰したら、スパゲティをほぐすようにトングや菜箸などで軽くかき混ぜる。ゆでている間もときどきかき混ぜる。

真ん中に針の細さの
芯が残っている
「アルデンテ」の
状態がよい

6

ゆで上がり時間が近づいてきたら、試しに1本取り出し、食べてみてかたさを確かめる。

ザルに上げる前に
ゆで汁を取っておくと
取り忘れを防げる

7

ゆで汁を使う場合は、お玉などですくって取っておく。

8

ゆで上がったらすぐにザルに上げて、しっかり水気をきる。この段階でソースができ上がっていることが重要。手早くソースとからめて盛りつける。

冷製に仕上げる場合

冷やすと固くなるので、袋の表示時間どおりのゆで時間で
芯を残さないようにゆでます。ゆで上がり時間が近づいてきたら、
試しに１本氷水につけて食べてみて、かたさの確認を。

8

ゆで上がったら氷水につけ、かき混ぜながら十分冷やす。

9

完全に冷えたらザルに上げて、しっかり水気をきる。ペーパータオルでふき取っても。ソースはゆで始める前に作っておいて、冷蔵庫で冷やしておくとよい。

ショートパスタの場合

見た目だけでなく、食感の違いも楽しめるショートパスタ。
ロングパスタよりくっつきやすいものもあるので、ときどきかき混ぜながらゆでてください。

1

ロングパスタと同様に湯を沸かし、塩を入れて完全に溶かす。沸騰したら、パラパラとふり入れる。

2

鍋に沈んでくっつきやすいので、鍋に入れたらすぐに菜箸やトングなどでかき混ぜる。ゆでている間もときどきかき混ぜる。

3

ゆで上がり時間が近づいてきたら、試しに1個取り出し、食べてみてかたさを確かめる。ゆで汁を使う場合は、お玉などですくって取っておく。

4

ゆで上がったらすぐにザルに上げて、しっかり水気をきる。この段階でもくっつきやすいので、手早くソースとからめて盛りつける。

Bon appétit!

あると便利なグッズ

手際よくパスタを作るために必要なグッズを紹介します。
パスタだけではなくふだんの料理にも使えるので、揃えておくと便利です。

両手鍋

4人分など多めのスパゲティをゆでるときは、重たいので両手鍋がおすすめ。たっぷり湯が入る直径21cmほどの深めのタイプを使って。

片手鍋

2人分のスパゲティをゆでるときは、直径18cmほどの片手鍋が扱いやすい。吹きこぼれないように深めのタイプがおすすめ。

キッチンタイマー

きちんと時間をはかってスパゲティをゆでることができる。マグネットつきなら、冷蔵庫などに貼ることもできて便利。

フライパン

ソースを作るときに使用。フライパンでスパゲティをゆでる場合は、直径26～28cmの深めのタイプが使い勝手がよい。口が広いので吹きこぼれない。

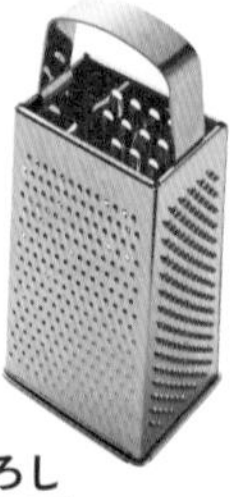

チーズおろし

ブロックタイプのパルメザンチーズをすりおろすときに欠かせないチーズおろし。ふつうのおろし金でも代用可能。

ザル

持ち手と足つきのザルなら、湯きりするときに熱くならず、シンクなどに置くときも衛生的。

トングとスプーンで盛りつけ上手に！

**トングとスプーンの使い方を覚えると
リストランテ風の盛りつけに！**

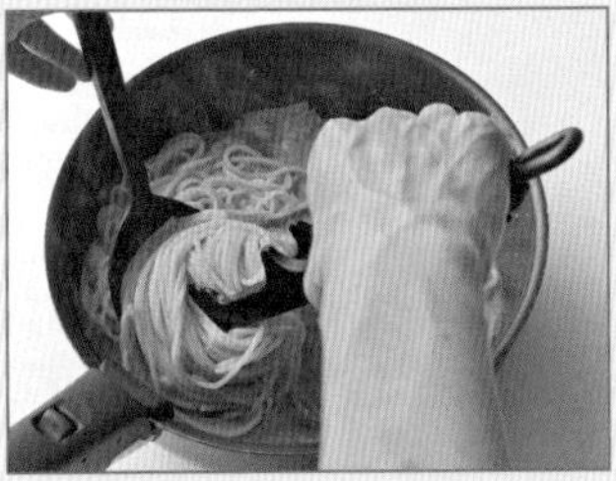

1 フライパンの中で、スプーンを土台にしながらトングにスパゲティを巻きつける。

2 スプーンごと皿に移し、トングを回しながら引き上げる。

3 形をととのえ、スパゲティの上から残ったソースをかける。

シリコン製の耐熱トング

スパゲティをゆでるとき、ソースとからめるとき、盛りつけるときに役立つ。耐熱性があり、フライパンを傷めないシリコン製がおすすめ。

シリコン製の大きな耐熱スプーン

ソースを作ったり、フライパンに残ったソースを集めたりすることも。トングとスプーンを使えば、お店のような盛りつけも簡単。

パスタ皿

21 ～ 23cmの白い皿が万能。どんなパスタを盛りつけても映える。

1品で大満足
ボリュームパスタ

大満足できる肉&魚介が入った
ボリュームパスタ。
見た目がとっても華やかなので
おもてなしにも役立ちます。

ボリュームパスタ

鶏肉のソテーとブロッコリーのトマトパスタ

肉も野菜もしっかり食べたい、そんなときはこれ！

肉
Meat

材料（2人分）

スパゲティ（1.6㎜）……200g
鶏もも肉……1枚（250g）
ブロッコリー……1/2株（120g）
にんにく（みじん切り）……1片
塩、こしょう……各適量
オリーブオイル……大さじ2
トマト水煮缶（ホール）……300g
黒こしょう……少々
ピザ用チーズ……60g

1 鶏肉は余分な皮、脂を除いて、4㎝角に切り、塩、こしょうをふる。ブロッコリーは小房に分ける。

2 フライパンにオリーブオイル大さじ1を中火で熱し、鶏肉を皮目から並べ、ふたをして4分ほど焼き、裏返す。さらに3～4分焼き、余分な脂をペーパータオルでふき取る。残りのオリーブオイル、にんにくを加えて、にんにくの香りが立つまで1分ほど炒める。トマト水煮を加えて、へらでつぶしながら2～3分煮る。

3 スパゲティは表示時間どおりにゆで、ザルに上げる。スパゲティがゆで上がる3分前にブロッコリーを加えて一緒にゆで、ザルに上げる（ゆで汁大さじ2～3は取っておく）。

4 2にスパゲティ、ブロッコリー、ゆで汁を加えて30秒ほど炒め合わせ、味をみて足りなければ塩でととのえる。器に盛り、黒こしょうをふり、熱いうちにチーズをのせる。

鶏肉は皮目に焼き色がつくまで、しっかり焼きましょう。

お弁当にも

牛肉の
ペッパー炒めパスタ

黒こしょうをガツンと効かせたスタミナパスタ

材 料（2人分）

スパゲティ（1.6mm）……… 200g
牛こま切れ肉 ……… 200g
にんにく（みじん切り）……… 2片
塩、こしょう、黒こしょう ……… 各適量
オリーブオイル ……… 大さじ1
A | バター ……… 10g
　| コンソメ（顆粒）……… 小さじ1/2
万能ねぎ（小口切り）……… 3本

牛肉は薄切り肉でもＯＫ。食べやすい大きさに切って使ってください。

1 牛肉は大きければ3cm長さに切り、塩、こしょうをふる。
2 フライパンにオリーブオイルを中火で熱し、1、にんにくを入れて3～4分焼く。
3 スパゲティは表示時間どおりにゆで、ザルに上げる（ゆで汁大さじ2～3は取っておく）。2にスパゲティ、ゆで汁、Aを加えて中火で30秒ほど炒め合わせる。器に盛り、万能ねぎを散らし、黒こしょうをふる。

おつまみにも

豚肉とアスパラガスのガーリックバターパスタ

ガーリックバターが香る、元気が出るパスタ

かたいのは皮の下の部分だけ。根元1cmは切り落として。

材 料（2人分）

スパゲティ（1.6mm）……… 200g
豚肩ロース薄切り肉（しゃぶしゃぶ用）……… 160g
アスパラガス ……… 4～5本
長ねぎ ……… 1/2本
にんにく（みじん切り）……… 2片
オリーブオイル ……… 大さじ1
赤唐辛子（輪切り）……… 1～2つまみ
A バター ……… 10g
　白ワイン ……… 大さじ2
　コンソメ（顆粒）……… 小さじ1
黒こしょう ……… 少々

1 豚肉は2～3cm長さ、アスパラガスはピーラーで下1/3程度の皮をむき、4～5等分の長さに切る。長ねぎは薄い小口切りにする。
2 フライパンにオリーブオイルを中火で熱し、豚肉、アスパラガス、赤唐辛子、にんにくを入れて3分ほど炒める。長ねぎを加えてさっと炒め合わせる。
3 スパゲティは表示時間どおりにゆで、ザルに上げる（ゆで汁大さじ3は取っておく）。2にスパゲティ、ゆで汁、Aを加えて中火で30秒ほど炒め合わせる。器に盛り、黒こしょうをふる。

豚肉とアスパラガスのガーリックバターパスタのアレンジ

豚肉とグリーンピースのガーリックバターパスタ

緑色をプリプリした
グリーンピースに替えて

「豚肉とアスパラガスのガーリックバターパスタ」のアスパラガス4～5本→冷凍グリーンピース70gにする。グリーンピースは凍ったまま豚肉と一緒に炒める。

お弁当にも

大きなミートボールのせ トマトクリームパスタ

大人だって、うれしくて顔がほころんじゃう

ミートボール全体に焼き色がつくように転がしながら焼いてください。

材料（2人分）

スパゲティ（1.6㎜）……… 200g

A
- 合いびき肉……… 150g
- パン粉……… 大さじ4
- 牛乳……… 大さじ1と1/2
- 塩、こしょう……… 各少々

玉ねぎ……… 1/4個

スナップエンドウ……… 8本

にんにく（みじん切り）……… 1片

オリーブオイル……… 大さじ2

B
- トマト水煮缶（ホール）……… 300g
- 生クリーム……… 大さじ2
- 塩、こしょう……… 適量

粉チーズ、パセリ（みじん切り）……… 各適量

1. 玉ねぎは薄切りにする。スナップエンドウは筋を除く。**A**はボウルに入れて練り、ピンポン玉より少し小さめに丸める。
2. フライパンにオリーブオイルを中火で熱し、**A**、玉ねぎを入れて、途中で**A**を転がしながら全体を焼く。3分ほどしたらにんにくを加えて炒める。**B**を加えてトマトをへらでつぶしながら一度煮立たせ、スナップエンドウを加えてふたをし、弱火で2～3分煮る。
3. スパゲティは表示時間どおりにゆで、ザルに上げる（ゆで汁大さじ4は取っておく）。**2**にスパゲティ、ゆで汁を加えて中火で30秒ほど炒め合わせる。器に盛り、粉チーズをふり、パセリを散らす。

大きなミートボールのせトマトクリームパスタのアレンジ

ハンバーグのせ トマトクリームパスタ

ハンバーグなら
もっとインパクト大！

「大きなミートボールのせトマトクリームパスタ」の**A**の合いびき肉150g→200g、パン粉大さじ4→大さじ6、牛乳大さじ1と1/2→大さじ2にする。**A**はボウルに入れて練り、2等分にして円盤状に丸める。玉ねぎと一緒に入れ、ふたをして弱火で両面3～4分ずつ焼く。

おもてなしにも

ウィンナーとカマンベールチーズの粒マスタードパスタ

ワインに合わせたい、マスタードが効いた大人味

材 料（2人分）

スパゲティ（1.6㎜）……… 200g
粗びきウィンナー ……… 6本
カマンベールチーズ ……… 1個
にんにく（みじん切り）……… 2片
オリーブオイル ……… 大さじ2
A 白ワイン、粒マスタード ……… 各大さじ2
　コンソメ（顆粒）……… 小さじ1/2
黒こしょう ……… 適量

1 ウィンナー2本は粗く刻む。残りは5㎜間隔で斜めに切り込みを入れ、反対側も同様に切り込みを入れる。チーズは10～12等分の放射状に切る。

食べやすいように、すべて粗く刻んでしまってもＯＫです。

2 フライパンにオリーブオイル、にんにく、ウィンナーを入れて弱火で炒める。

3 スパゲティは表示時間どおりにゆで、ザルに上げる（ゆで汁1/4カップは取っておく）。**2**にスパゲティ、**A**、ゆで汁を加えて中火で30秒ほど炒め合わせる。器に盛り、チーズをのせて、黒こしょうをふる。

ウィンナーとカマンベールチーズの粒マスタードパスタのアレンジ

ウィンナーとスライスチーズの粒マスタードパスタ

スライスチーズにすれば
おうちにある材料で作れちゃう

「ウィンナーとカマンベールの粒マスタードパスタ」のカマンベールチーズ1個→スライスチーズ2～3枚にする。チーズはちぎってのせる。

シンプルパスタ

鶏肉といんげんのクリームパスタ

胸肉を使った、ヘルシー系クリームパスタです

材料（2人分）

スパゲティ（1.6㎜）……… 200g
鶏胸肉……… 1/2枚（150g）
さやいんげん……… 6～8本
にんにく（みじん切り）……… 1片
塩、こしょう……… 各適量
オリーブオイル……… 大さじ1
A｜牛乳、生クリーム……… 各1/2カップ
｜塩……… 小さじ1/4

1 鶏肉は皮を除いてそぎ切りにし、4～5㎝四方に切り、塩、こしょうをふる。さやいんげんは3～4等分の長さに切る。

鶏肉は薄めに切ったほうが、しっとり仕上がります。

2 フライパンにオリーブオイルを中火で熱し、**1**を入れて途中で上下を返しながら4分ほど焼く。にんにくを加えて炒め合わせる。

3 スパゲティは表示時間どおりにゆで、ザルに上げる（ゆで汁1/4カップは取っておく）。**2**にスパゲティ、**A**、ゆで汁を加えて、中火で30秒ほどクリームに少しとろみが出るまで炒め合わせる。味をみて足りなければ塩でととのえる。

鶏肉といんげんのクリームパスタのアレンジ

鶏肉といんげんの みそクリームパスタ

みそ＋しょうゆで和風クリームパスタに

「鶏肉といんげんのクリームパスタ」の**A**の塩小さじ1/4→みそ大さじ1/2、しょうゆ少々にする。

おもてなしにも

牛肉とマッシュルームのトマトウスターソースパスタ

ウスターソースに入ったスパイスで、簡単なのに本格味！

食感とうま味が楽しめるよう、ぜひ生のマッシュルームを使って。

材 料（2人分）

スパゲティ（1.6㎜）……… 200g
牛こま切れ肉 ……… 150g
マッシュルーム（白）……… 4個
にんにく（みじん切り）……… 1片
塩、こしょう ……… 各適量
オリーブオイル ……… 大さじ2

A
- トマト水煮缶（ホール）……… 200g
- ウスターソース ……… 大さじ1と1/2
- コンソメ（顆粒）……… 小さじ1
- 砂糖 ……… 小さじ1/3

1 牛肉は塩、こしょうをふる。マッシュルームは石づきを除いて5㎜厚さに切る。

2 フライパンにオリーブオイルを中火で熱し、**1**、にんにくを入れて3分ほど炒める。**A**を加え、トマトをへらでつぶしながら2～3分煮る。

3 スパゲティは表示時間どおりにゆで、ザルに上げる（ゆで汁大さじ2は取っておく）。**2**にスパゲティ、ゆで汁を加えて30秒ほど炒め合わせる。味をみて足りなければ塩でととのえる。

牛肉とマッシュルームのトマトウスターソースパスタのアレンジ

肉団子とマッシュルームのトマトウスターソースパスタ

フワフワおいしい肉団子をイン！

「牛肉とマッシュルームのトマトウスターソースパスタ」の牛こま切れ肉150g→合いびき肉150gにする。ひき肉は手でギュッと握って2㎝くらいに平たく丸め、塩、こしょうをふり、マッシュルームと一緒に炒める。

おつまみにも

カリカリ豚とミニトマトの中華風味パスタ

ちょっと酸味のある中華風の味つけにビールがすすみます

材料（2人分）

スパゲティ（1.6㎜）……… 200g
豚肩ロース薄切り肉（しゃぶしゃぶ用）
……… 160g
ミニトマト……… 10 ～ 12個
にんにく（みじん切り）……… 1片
ごま油、白すりごま……… 各大さじ1

A
しょうゆ、黒酢（なければ酢）
……… 各大さじ1と1/3
ごま油……… 大さじ1
鶏がらスープの素、砂糖
……… 各小さじ1

万能ねぎ（小口切り）……… 適量

1 豚肉は大きければ4㎝長さに切る。ミニトマトはへたを取る。

2 フライパンにごま油を中火で熱し、豚肉をカリカリになるまで焼く。にんにくを加えて1分ほど炒める。

3 スパゲティは表示時間どおりにゆで、ザルに上げる。2にスパゲティ、ミニトマト、Aを加えて中火で30秒ほど炒め合わせる。器に盛り、白すりごまをふり、万能ねぎを散らす。

Aのごま油を最後に加えることで、風味が残ります。

お弁当にも

豚肉とかぼちゃのバターじょうゆパスタ

かぼちゃの甘みと豚肉がこんなに合うなんて！

材 料（2人分）

スパゲティ（1.6㎜）……… 200g

豚肩ロース薄切り肉（しゃぶしゃぶ用）……… 160g

かぼちゃ ……… 100g

オリーブオイル ……… 大さじ1

A
- バター ……… 15g
- しょうゆ ……… 大さじ1～1と1/3
- しょうが（すりおろし）……… 小さじ1

黒こしょう ……… 適量

1 豚肉は大きければ4㎝長さに切る。かぼちゃは5㎜厚さ、4㎝長さのくし形切りにする。

2 フライパンにオリーブオイルを中火で熱し、かぼちゃを入れてふたをし、3分ほど焼いたら上下を返す。あいているところに豚肉を加え、軽く上下を返しながら3～4分焼く。

3 スパゲティは表示時間どおりにゆで、ザルに上げる。2にスパゲティ、Aを加えて30秒ほど炒め合わせる。器に盛り、黒こしょうをふる。

ここで、好みでくるみを粗く刻んだものをトッピングしても。

豚肉とかぼちゃのバターじょうゆパスタのアレンジ

豚肉とれんこんのバターじょうゆパスタ

シャキシャキのれんこんで
食感の楽しいパスタに

「豚肉とかぼちゃのバターじょうゆパスタ」のかぼちゃ100g→れんこん80～100gにする。れんこんは5㎜厚さのいちょう切りにし、水にさっとさらして水気をきる。かぼちゃと同様に焼く。

シンプルパスタ

ウィンナーと白いんげん豆の煮込みペンネ

海外旅行中のランチみたいなおしゃれなひと皿

材 料（2人分）

ペンネ……160g
ウィンナー……4本
白いんげん豆（水煮）……200g
にんにく（みじん切り）……1片
オリーブオイル……大さじ1
A｜水……2と1/2カップ
　｜白ワイン……大さじ2
　｜コンソメ（顆粒）……小さじ1
　｜塩……小さじ1/2
　｜こしょう……少々

1 ウィンナーは5㎜厚さの斜め切りにする。
2 鍋にオリーブオイル、にんにく、**1**を入れて弱火で炒め、にんにくの香りが立ったら白いんげん豆、**A**を加えて一度中火で煮立たせる。
3 **2**にペンネを加えてふたをして、弱火でときどき混ぜながらペンネがやわらかくなるまで煮る。

表示時間＋5分を目安に煮ます。途中で水分が足りなくなったら、水を加えて。

おもてなしにも

温玉のせひき肉のケチャップチリパウダーパスタ

タコライスのパスタ版を想像してみて

材 料（2人分）

スパゲティ（1.6㎜）……200g
合いびき肉……200g
温泉卵、ピーマン……各2個
ベビーリーフ……1パック（45g）
玉ねぎ……1/3個
にんにく（みじん切り）……1片
オリーブオイル……大さじ1
A｜トマトケチャップ……1/2カップ
　｜ウスターソース……大さじ1
　｜チリパウダー……小さじ2/3
塩……適量
チリパウダー……少々

1 ピーマンは輪切り、玉ねぎは薄切りにする。ベビーリーフは冷水にさらして水気をきる。
2 フライパンにひき肉、玉ねぎを入れて中火で炒め、出てきた脂をペーパータオルでふき取る。オリーブオイル、にんにく、ピーマンを加えて2～3分炒め合わせ、**A**を加えて1分ほど炒め合わせる。
3 スパゲティは表示時間どおりにゆで、ザルに上げる。**2**に加えて30秒ほど炒め合わせる。味をみて足りなければ塩でととのえる。
4 器にベビーリーフを敷き、**3**を盛り、温泉卵をのせ、温泉卵にチリパウダーをふる。

油を入れず、ひき肉の脂で玉ねぎを炒めるイメージ。

魚介
Seafood

おもてなしにも

めかじきとあさりのアクアパッツァ風パスタ

魚介のだしがたっぷり効いた、ごちそうパスタ！

材料（2人分）

スパゲティ（1.6㎜）……… 200g
めかじき（切り身）……… 2切れ
あさり（砂抜き済み）……… 200g
玉ねぎ……… 1/3個
にんにく（みじん切り）……… 2片
ミニトマト……… 8～10個
塩、こしょう……… 各少々
オリーブオイル……… 大さじ2
A｜白ワイン……… 1/4カップ
　｜ドライハーブ（バジルやオレガノ）……… 小さじ1/2
レモン（くし形切り）……… 1/4個

1 めかじきはそれぞれ3～4等分に切り、塩、こしょうをふる。あさりはこすり合わせてよく洗い、ザルに上げて水気をきる。玉ねぎは薄切りにする。

2 フライパンにオリーブオイルを中火で熱し、1、にんにくを入れる。途中でめかじきの上下を返し、全体を軽く混ぜながら3～4分、めかじきに焼き色がつくまで焼く。A、へたを取ったミニトマトを加え、ふたをしてあさりの口が開くまで加熱する。

3 スパゲティは表示時間どおりにゆで、ザルに上げる（ゆで汁大さじ2は取っておく）。2に加えて30秒ほど、めかじきを崩さないように炒め合わせる。水分が足りない場合はゆで汁を加える。器に盛り、レモンを添える。

味をみて、塩味が十分だったらゆで汁ではなく水を加えてください。

おもてなしにも

えびとあさりのブイヤベース風パスタ

食卓が一気に華やかになるスープパスタ

材 料（2人分）

フェットチーネ……200g
有頭えび（赤えびなど）……6尾
あさり（砂抜き済み）……200g
玉ねぎ……1/3個
セロリ……1/3本
にんにく（みじん切り）……2片
塩……適量
オリーブオイル……大さじ2

A｜トマト水煮缶（ホール）……200g
白ワイン、水……各1/4カップ
サフラン……ひとつまみ
こしょう……少々

1 えびは背わたを除き、尾先、剣先を切り落とし、塩をふって軽くもんで洗い流し、水気をしっかりふく。あさりはこすり合わせてよく洗い、ザルに上げて水気をきる。玉ねぎ、セロリは薄切りにする。

2 フライパンにオリーブオイルを中火で熱し、1、にんにくを入れ、ときどき混ぜながら3～4分炒める。Aを加えてトマトをへらでつぶし、ふたをしてときどき混ぜながら3～4分、あさりの口が開くまで加熱する。

3 フェットチーネは表示時間よりやや短めにゆで、ザルに上げる（ゆで汁大さじ4は取っておく）。2にフェットチーネ、ゆで汁を加えて30秒ほど温める。味をみて足りなければ塩でととのえる。

サフランがあると風味がアップします。
ない場合は入れなくてもOKです。

えびとあさりのブイヤベース風パスタのアレンジ

えびとあさりとたいのブイヤベース風パスタ

たいをプラスしてさらに豪華な味わいに

「えびとあさりのブイヤベース風パスタ」の有頭えび（赤えびなど）6尾→4尾にし、たい（切り身）2切れ、こしょう適量を加える。たいはそれぞれ4等分に切り、塩、こしょうをふり、えびなどと一緒に炒める。

和風パスタ

鮭とコーンのバターじょうゆパスタ

お箸で食べたい、やさしい和風味のパスタ

材料（2人分）

スパゲティ（1.6㎜）……… 200g
生鮭（切り身）……… 2切れ
ホールコーン缶……… 100g
れんこん……… 90g
にんにく（みじん切り）……… 1片
塩、こしょう……… 各適量
オリーブオイル……… 大さじ1
A　バター……… 10g
　しょうゆ……… 大さじ1と1/2
　和風だし（顆粒）……… 小さじ1/2

1 鮭はそれぞれ4等分に切り、塩、こしょうをふる。コーンは缶汁をきる。れんこんは3〜4㎜厚さの半月切りして、水にさっとさらして水気をきる。

2 フライパンにオリーブオイルを中火で熱し、1を入れてふたをし、途中で上下を返して4〜5分焼く。3分ほど焼いたところでにんにくを加えて炒める。

3 スパゲティは表示時間どおりにゆで、ザルに上げる（ゆで汁大さじ2は取っておく）。2にスパゲティ、Aを加えて30秒ほど、鮭を崩さないように炒め合わせる。水分が足りない場合はゆで汁を加える。

味をみて、塩味が十分だったらゆで汁ではなく水を加えてください。

鮭とコーンのバターじょうゆパスタのアレンジ

ベビーほたてとコーンのバターじょうゆパスタ

鮭の代わりにベビーほたてを使用。アスパラガスで色味も鮮やかに

「鮭とコーンのバターじょうゆパスタ」の生鮭（切り身）2切れ→ベビーほたて（蒸したもの）100g、れんこん90g→アスパラガス4本にし、塩、こしょうは入れない。アスパラガスは5㎝長さの斜め切りにし、ほたて、コーンと一緒に焼く。

おつまみにも

ガーリックシュリンプパスタ

人気のガーリックシュリンプだってパスタに！

材 料（2人分）
スパゲティ（1.6㎜）……… 200g
むきエビ（大）……… 200g
玉ねぎ……… 1/2個
にんにく（みじん切り）……… 3片
塩……… 適量
オリーブオイル、パセリ（みじん切り）
……… 各大さじ2
A | 白ワイン……… 大さじ2
　| 黒こしょう……… 適量
レモン（くし形切り）……… 1/4個

1 えびは背わたを除き、塩をふって軽くもんで洗い流し、水気をしっかりふく。玉ねぎはみじん切りにする。
2 フライパンにオリーブオイルを中火で熱し、1、にんにくを入れ、ときどき混ぜながら3～4分炒める。Aを加えて1～2分加熱する。
3 スパゲティは表示時間どおりにゆで、ザルに上げる（ゆで汁大さじ2は取っておく）。2にスパゲティ、ゆで汁を加えて30秒ほど炒め合わせ、最後にパセリを加えてひと混ぜする。器に盛り、レモンを添える。

パセリは器に盛ったあとに、散らしてもＯＫです。

ガーリックシュリンプパスタのアレンジ

ガーリックシュリンプとパプリカのパスタ

黄色のパプリカを加えて
見た目も満足度もアップ！

「ガーリックシュリンプパスタ」にパプリカ（黄）1/2個を加える。パプリカは千切りにし、えび、玉ねぎと一緒に炒める。

Aは混ぜておくとヨーグルトのようにかたまってしまうので注意してください。

おもてなしにも

たらのレモンクリームパスタ

休日のブランチにぴったりな、レモンが香るさわやかパスタ

材料（2人分）

スパゲティ（1.6㎜）……… 200g
生たら（切り身）……… 2切れ
冷凍グリーンピース……… 70g
にんにく（みじん切り）……… 1片
塩、こしょう……… 各少々
薄力粉、オリーブオイル……… 各大さじ1
白ワイン……… 大さじ1
A｜生クリーム……… 1/2カップ
　｜レモン汁……… 大さじ1
レモンの皮（国産・すりおろし）……… 適量

1 たらはそれぞれ2～3等分に切り、塩、こしょう、薄力粉をふる。

2 フライパンにオリーブオイルを中火で熱し、1を入れて両面2～3分ずつ焼く。たらを裏返したらあいているところににんにくを加えて炒める。白ワイン、凍ったままのグリーンピース、Aを順に加えて煮立つ直前まで温める。

3 スパゲティは表示時間どおりにゆで、ザルに上げる（ゆで汁大さじ4は取っておく）。2にスパゲティ、ゆで汁を加えて30秒ほど、たらを崩さないように炒め合わせる。器に盛り、レモンの皮を散らす。

たらのレモンクリームパスタのアレンジ

たらの粒マスタードクリームパスタ

程よい辛味と酸味が加わったクリームソースも合う！

「たらのレモンクリームパスタ」のAのレモン汁大さじ1→粒マスタード大さじ1/2～1にする。

和風パスタ

うなぎとふんわりいり卵のしょうゆパスタ

うなぎがパスタに！　日本酒が飲みたくなるひと皿

材料（2人分）

スパゲティ（1.6㎜）……… 200g
うなぎのかば焼き（市販）……… 1尾
卵……… 2個
オリーブオイル……… 大さじ1
酒……… 大さじ2
A　うなぎのタレ（あれば）……… 1パック
　　オリーブオイル……… 大さじ1
　　しょうゆ……… 小さじ2
粉山椒……… 適量
三つ葉……… 4～5本

1 うなぎは3㎝長さに切る。卵は溶きほぐす。

2 フライパンにオリーブオイルを中火で熱し、溶き卵を流し入れて手早く大きく混ぜていり卵を作り、一度取り出す。うなぎ、酒を入れて中火にかけて30秒～1分、うなぎを温める。

3 スパゲティは表示時間どおりにゆで、ザルに上げる（ゆで汁大さじ4は取っておく）。2にスパゲティ、いり卵、A、ゆで汁を加えて30秒ほど、うなぎを崩さないように炒め合わせる。器に盛り、粉山椒をふり、2～3㎝長さに切った三つ葉をのせる。

いり卵は一緒に炒め合わせず、器に盛るときにのせてもＯＫです。

おもてなしにも

カリカリサーモンのせチーズクリームパスタ

カリッと焼いたサーモンが、おいしさのポイント！

材料（2人分）
スパゲティ（1.6㎜）……… 200g
サーモン（切り身）……… 2切れ
レモン ……… 1/3個
にんにく（みじん切り）……… 1片
塩、こしょう、薄力粉、黒こしょう
……… 各適量
オリーブオイル ……… 大さじ1
A　牛乳 ……… 1カップ
　クリームチーズ ……… 50g
　白ワイン ……… 大さじ2

1 サーモンはそれぞれ2～3等分に切り、塩、こしょう、薄力粉をふる。レモンは半月切りにする。

レモンは国産、ノーワックスのものを使用してください。

2 フライパンにオリーブオイルを中火で熱し、サーモンを入れて2～3分焼く。カリッと焼き目がついたら裏返して2～3分焼き、一度取り出しておく。にんにくを入れて弱火で1～2分、香りが立つまで炒める。Aを加えて混ぜながらチーズを溶かし、レモンを加える。

3 スパゲティは表示時間どおりにゆで、ザルに上げる（ゆで汁大さじ2～3は取っておく）。2に加えて30秒ほど炒め合わせる。水分が足りない場合はゆで汁を加える。味をみて足りなければ塩でととのえる。器に盛り、サーモンをのせ、黒こしょうをふる。

カリカリサーモンのせチーズクリームパスタのアレンジ

カリカリチキンのせチーズクリームパスタ

チキン&クリームチーズの相性も抜群です

「カリカリサーモンのせチーズクリームパスタ」のサーモン（切り身）2切れ→鶏もも肉1枚（250g）にし、薄力粉適量は入れない。鶏肉は塩、こしょうをふる。フライパンにオリーブオイルを中火で熱し、鶏肉を入れてふたをし、両面4～5分ずつ焼く。2cm幅に切って、スパゲティの上にのせる。

おつまみにも

さばのオイスターソーストマトパスタ

さば缶料理のバリエーションが広がります

さばは食べごたえが残るように、ごくごく軽くほぐします。

材 料（2人分）

スパゲティ（1.6㎜）……… 200g
さば缶（水煮）……… 1缶（150g）
玉ねぎ……… 1/3個
にんにく（みじん切り）……… 1片
ごま油……… 大さじ1
A トマト水煮缶（ホール）……… 300g
　酒……… 大さじ1
　オイスターソース……… 大さじ1/2
粉チーズ……… 適量

1 さばは缶汁をきる。玉ねぎは薄切りにする。
2 フライパンにごま油を中火で熱し、玉ねぎ、にんにくを入れて2～3分炒める。**A**、さばを加えて煮立て、トマトはへらでつぶし、さばは軽くほぐして2～3分煮る。
3 スパゲティは表示時間どおりにゆで、ザルに上げる（ゆで汁大さじ4は取っておく）。**2**にスパゲティ、ゆで汁を加えて30秒ほど炒め合わせる。器に盛り、粉チーズをふる。

さばのオイスターソーストマトパスタのアレンジ

鮭のオイスターソーストマトパスタ

ストックしている
鮭の水煮缶でももちろんOK

「さばのオイスターソーストマトパスタ」のさば缶（水煮）1缶（150g）→鮭缶（水煮）1缶（150g）にする。

和風パスタ

ベビーほたてとクレソンのバターじょうゆパスタ

ほたてのうま味とクレソンのさわやかな苦味がマッチ！

材料（2人分）

スパゲティ（1.6㎜）……… 200g
ベビーほたて（蒸したもの）……… 120g
クレソン ……… 1束
にんにく（みじん切り）……… 1片
バター ……… 10g
A 酒 ……… 大さじ2
　しょうゆ ……… 大さじ1
　バター ……… 10g

1 クレソンは6㎝長さに切る。
2 フライパンにバター、にんにくを入れて弱火で炒め、にんにくの香りが立ったらほたてを加えて炒め合わせる。
3 スパゲティは表示時間どおりにゆで、ザルに上げる（ゆで汁大さじ4は取っておく）。2にスパゲティ、A、1、ゆで汁を加えて30秒ほど炒め合わせる。

ベビーほたてはすでに火がとおっているので、温める程度でＯＫ。

ベビーほたてとクレソンのバターじょうゆパスタのアレンジ

ベビーほたてと三つ葉のバターじょうゆパスタ

三つ葉を加えて異なる香りを楽しんで

「ベビーほたてとクレソンのバターじょうゆパスタ」のクレソン1束→三つ葉1/2束にする。三つ葉は2～3㎝長さに切って、スパゲティと一緒に炒め合わせる。

シンプルパスタ

たことアボカドのねぎ塩パスタ

ねぎ塩中華風味のアボカドが意外なおいしさ！

材料（2人分）

スパゲティ（1.6mm）……200g
ゆでだこ……150g
アボカド……1/2個
長ねぎ……1/2本
にんにく（みじん切り）……1片
ごま油……大さじ3
A
鶏がらスープの素（顆粒）……小さじ1
しょうが（すりおろし）……小さじ1/2
塩、こしょう……各少々

1 たこはそぎ切り、長ねぎはみじん切りにする。アボカドは2cm角に切る。
2 フライパンにごま油大さじ2、にんにくを入れて弱火で炒め、にんにくの香りが立ったら**1**、**A**を加えて1分ほど炒め合わせる。
3 スパゲティは表示時間どおりにゆで、ザルに上げる（ゆで汁大さじ4は取っておく）。**2**にスパゲティ、ゆで汁、残りのごま油を加えて、中火で30秒ほど炒め合わせる。

アボカドが崩れないように、軽く炒め合わせるのがポイント！

たことアボカドのねぎ塩パスタのアレンジ

たことアボカドの洋風ねぎ塩パスタ

たことアボカドなら洋風でもおいしい！

「たことアボカドのねぎ塩パスタ」のごま油大さじ3→オリーブオイル大さじ3、**A**の鶏がらスープの素（顆粒）小さじ1→コンソメ（顆粒）小さじ1/3～1/2にし、しょうが（すりおろし）小さじ1/2は入れない。

おつまみにも

いかのトマトパスタ

白ワインに合わせたい、さっぱりパスタ

材 料（2人分）

スパゲティ（1.6㎜）……… 200g
冷凍いか（リング）……… 150g
トマト……… 2個
にんにく（みじん切り）……… 1片
オリーブオイル、白ワイン……… 各大さじ2
赤唐辛子（輪切り）……… ひとつまみ
黒こしょう……… 少々

いかはボイルや生でも。生の場合は下処理をして、輪切りにします。

1 いかは解凍しておく。トマトは2～3㎝角に切る。

2 フライパンにオリーブオイル、にんにく、赤唐辛子を入れて弱火で炒め、にんにくの香りが立ったらいかを加えて1～2分炒める。白ワイン、トマトを加えて一度中火で煮立たせ、火を止める。

3 スパゲティは表示時間どおりにゆで、ザルに上げる（ゆで汁大さじ2～3は取っておく）。2にスパゲティ、ゆで汁を加えて、中火で30秒ほど炒め合わせる。器に盛り、黒こしょうをふる。

いかのトマトパスタのアレンジ

いかの濃厚トマトパスタ

隠し味にいかの塩辛を加えます

「いかのトマトパスタ」にいかの塩辛大さじ1/2を加える。いかの塩辛の分、塩分を控えめにするため、スパゲティは基本のゆで方 P36 の半量の塩を入れてゆで、ゆで汁ではなく水を加える。いかの塩辛はスパゲティと一緒に炒め合わせる。

シンプルパスタ

牡蠣とほうれん草のパスタ

相性抜群のコンビをシンプルなオイル系で！

材 料（2人分）

スパゲティ（1.6㎜）……… 200g
牡蠣（むき身・加熱用）……… 8～12個
ほうれん草 ……… 2株
にんにく（みじん切り）……… 1片
塩、こしょう ……… 各適量
オリーブオイル ……… 大さじ4
赤唐辛子（輪切り）……… ひとつまみ

1 牡蠣はよく洗って水気をしっかりふき、塩、こしょうをふる。ほうれん草は4㎝長さに切る。

2 フライパンにオリーブオイル大さじ 2、にんにく、赤唐辛子を入れて弱火で炒め、牡蠣を加えて両面 3～4 分ずつ焼いて、しっかり火をとおす。ほうれん草を加えてさっと炒める。

牡蠣は強火で焼くと身が縮んでしまうので、弱火のままで。

3 スパゲティは表示時間どおりにゆで、ザルに上げる（ゆで汁大さじ 4 は取っておく）。**2** にスパゲティ、ゆで汁、残りのオリーブオイルを加えて、中火で 30 秒ほど、牡蠣をつぶさないように軽く炒め合わせて、火を止める。味をみて足りなければ塩でととのえる。

牡蠣とほうれん草のパスタのアレンジ

牡蠣と豆苗のパスタ

ほうれん草の代わりに食感のよい豆苗を

「牡蠣とほうれん草のパスタ」のほうれん草 2 株→豆苗 1 袋にする。豆苗は根元を切り落としてざく切りにし、牡蠣に火がとおったら加える。

野菜たっぷりパスタ

旬のおいしい野菜を使えば
この季節しか味わえない
みずみずしいパスタに！
野菜不足解消にも
おすすめです。

おもてなしにも

アスパラガスと グリーンピースのパスタ

目でも楽しむ、春色グリーンパスタ

材 料（2人分）

スパゲティ（1.6㎜）……… 200g
アスパラガス ……… 6本
冷凍グリーンピース ……… 100g
にんにく（みじん切り）……… 2片
オリーブオイル ……… 大さじ4
A｜水 ……… 1/4カップ
　｜塩 ……… 小さじ1/4
粉チーズ、黒こしょう ……… 各適量

1 アスパラガスはピーラーで下 1/3 程度の皮をむき、4 ～ 5 等分の長さに切る。
2 フライパンにオリーブオイル大さじ 2、にんにくを入れて弱火で炒め、にんにくの香りが立ったら 1、凍ったままのグリーンピースを加えてさっと炒め合わせる。A を加えて、グリーンピースの半量をつぶしながら、ふたをして中火で 4 ～ 5 分、野菜がやわらかくなるまで煮る。
3 スパゲティは表示時間どおりにゆで、ザルに上げる（ゆで汁大さじ 4 は取っておく）。2 にスパゲティ、ゆで汁、残りのオリーブオイルを加えて、中火で 30 秒ほど炒め合わせる。器に盛り、粉チーズ、黒こしょうをふる。

半量はつぶしてソースとして、半量は形を残して食感を楽しみます。

アスパラガスとグリーンピースのパスタのアレンジ

生ハムのせアスパラガスと グリーンピースのパスタ

生ハムをのせてボリュームアップ！

「アスパラガスとグリーンピースのパスタ」に生ハム 2 ～ 4 枚を加え、A の塩小さじ 1/4 →少々にする。生ハムは食べやすい大きさに切って、スパゲティの上にのせる。

和風パスタ

たけのこと菜の花とひき肉のしょうゆパスタ

あっさりだけどうま味のある鶏ひき肉で食べごたえ抜群！

菜の花は火がとおりやすいので、さっと炒める程度でＯＫ。

材料（2人分）

- スパゲティ（1.6㎜）……… 200g
- たけのこ（水煮）、鶏ひき肉 ……… 各100g
- 菜の花 ……… 150g
- にんにく（みじん切り）……… 1片
- オリーブオイル ……… 大さじ2
- 赤唐辛子（輪切り）……… ひとつまみ
- A しょうゆ ……… 大さじ1
- A 和風だし（顆粒）……… 小さじ1/2

1 たけのこの根元は短冊切りにし、穂先は8㎜厚さに切る。菜の花は4㎝長さに切る。

2 フライパンにオリーブオイル、赤唐辛子、たけのこ、ひき肉、にんにくを入れて中火で炒める。ひき肉に火がとおったら菜の花を加えて30秒〜1分炒め合わせる。

3 スパゲティは表示時間どおりにゆで、ザルに上げる（ゆで汁大さじ4は取っておく）。2にスパゲティ、ゆで汁、Aを加えて30秒ほど炒め合わせる。

たけのこと菜の花とひき肉のしょうゆパスタのアレンジ

たけのこと春菊とひき肉のしょうゆパスタ

菜の花が手に入らない時期なら春菊でお試しを

「たけのこと菜の花とひき肉のしょうゆパスタ」の菜の花150g→春菊150gにする。春菊は4㎝長さに切り、ひき肉に火がとおったら加える。

おつまみにも

セロリとハムのチーズパスタ

シャキシャキセロリとコクのあるチーズソースが美味

材料（2人分）
スパゲティ（1.6㎜）……… 200g
セロリ……… 2本
スライスハム……… 6枚
にんにく（みじん切り）……… 1片
オリーブオイル……… 大さじ3
粉チーズ……… 大さじ2～3
塩、黒こしょう……… 各適量

1 セロリは細切りにする。ハムは半分に切ってから5㎜幅に切る。
2 フライパンにオリーブオイル、にんにくを入れて弱火で炒め、にんにくの香りが立ったら1を加えて中火で1分炒め合わせる。
3 スパゲティは表示時間どおりにゆで、ザルに上げる（ゆで汁大さじ4は取っておく）。2にスパゲティ、ゆで汁、粉チーズ、塩を加えて中火で30秒ほど炒め合わせる。器に盛り、黒こしょうをふる。

セロリは食感を残して。炒めすぎに注意してください。

セロリとハムのチーズパスタのアレンジ

ズッキーニとハムのチーズパスタ

リボン状のズッキーニなら
華やかになります

「セロリとハムのチーズパスタ」のセロリ2本→ズッキーニ1本にする。ズッキーニはピーラーでリボン状に薄く削り、ハムと一緒に炒め合わせる。

シンプルパスタ

キャベツとほたるいかの
ペペロンチーノ風

春の海からの恵みをプラス！ シンプルな味つけで濃厚なうま味を堪能

材 料（2人分）

スパゲティ（1.6㎜）……… 200g
キャベツ ……… 2枚（120g）
ほたるいか（ボイル）……… 140g
にんにく（みじん切り）……… 2片
オリーブオイル ……… 大さじ4
赤唐辛子（輪切り）……… ひとつまみ
塩 ……… 適量

足のつけ根にある口は、指でつまんで引き抜きます。

1 キャベツは2～3㎝四方に切る。ほたるいかは目、口、あれば軟骨を取る。

2 フライパンにオリーブオイル大さじ2、にんにくを入れて弱火で炒め、にんにくの香りが立ったら**1**、赤唐辛子を加えて1～2分炒め合わせる。

3 スパゲティは表示時間どおりにゆで、ザルに上げる（ゆで汁大さじ4は取っておく）。**2**にスパゲティ、ゆで汁、残りのオリーブオイルを加えて30秒ほど炒め合わせる。味をみて足りなければ塩でととのえる。

キャベツとほたるいかのペペロンチーノ風のアレンジ

せりとほたるいかの
ペペロンチーノ風

香りと歯ごたえが楽しい
せりに替えてもOK

「キャベツとほたるいかのペペロンチーノ風」のキャベツ2枚（120g）→せり1束にする。せりは4㎝長さに切り、スパゲティと一緒に炒め合わせる。

おもてなしにも

キャベツとウィンナーの ポトフ風パスタ

やさしい味のポトフ風スープにスパゲティをイン！

材 料（2人分）

スパゲティ（1.6㎜）……… 200g
キャベツ……… 1/8個
ウィンナー……… 4本
玉ねぎ……… 1/4個
にんにく（みじん切り）……… 1片
オリーブオイル……… 大さじ1
A | 水……… 2カップ
　| コンソメ（顆粒）……… 小さじ2
　| 黒こしょう……… 適量
パセリ（みじん切り）、黒こしょう……… 各適量

1 キャベツは半分のくし形切り、玉ねぎは薄切りにする。ウィンナーは5㎜間隔で斜めに切り込みを入れる。
2 鍋にオリーブオイル、にんにく、1を入れて中火で1～2分焼く。Aを加えて一度煮立たせ、ふたをして弱火で8～10分、キャベツがやわらかくなるまで煮る。
3 スパゲティは表示時間どおりにゆで、ザルに上げる。器に盛り、2をのせてスープを注ぎ、パセリを散らし、黒こしょうをふる。

芯を残したまま切るとバラバラになりません。芯もやわらかくなって美味！

キャベツとウィンナーの
ポトフ風パスタのアレンジ

キャベツとウィンナーの トマトスープパスタ

トマト水煮缶は果実感も味わえるカットタイプを

「キャベツとウィンナーのポトフ風パスタ」のAにトマト水煮缶（カット）200gを加え、水2カップ→1カップにする。

おもてなしにも

そら豆とシーフードの クリームスープパスタ

素材から出たおいしさをスープでまるごといただきます

材 料（2人分）

スパゲティ（1.6㎜）……… 200g
そら豆……… 200g
冷凍シーフードミックス……… 150g
にんにく（みじん切り）……… 1片
オリーブオイル……… 大さじ1
A | 牛乳……… 1カップ
　| 生クリーム……… 1/2カップ
　| コンソメ（顆粒）……… 小さじ1
　| こしょう……… 少々

1 シーフードミックスは解凍しておく。
2 フライパンにオリーブオイル、にんにくを入れて弱火で炒め、にんにくの香りが立ったら1を加えて2～3分炒め合わせる。
3 スパゲティ用の湯を沸かし、基本のゆで方P36の塩を入れて、そら豆をさやから出して2～3分ゆで、一度取り出す。同じ湯でスパゲティを表示時間どおりにゆで、ザルに上げる。スパゲティをゆでている間に、そら豆の粗熱が取れたら、薄皮をむく。
4 2にそら豆、Aを加えて中火で混ぜながら煮立たせ、スパゲティを加えて30秒ほど温める。

冷凍そら豆を使う場合は解凍後、薄皮をむいて使用します。

そら豆とシーフードの
クリームスープパスタのアレンジ

アボカドとシーフードの クリームスープパスタ

トロッとしてクリーミーなアボカドもシーフードと合う！

「そら豆とシーフードのクリームスープパスタ」のそら豆200g→アボカド1個にする。アボカドは1.5㎝角に切り、シーフードミックスを炒めたあとに加えて30秒ほど炒め合わせる。

和風パスタ

山菜のみそ豆乳パスタ

みそと豆乳のコクが効いた
濃厚な味わいのパスタ

材料（2人分）

スパゲティ（1.6㎜）……200g
山菜ミックス（水煮）……150～200g
長ねぎ……1/2本
にんにく（みじん切り）……1片
オリーブオイル……大さじ1
A 無調整豆乳……1カップ
みそ……大さじ1と1/2
しょうゆ……小さじ1

1 山菜は水気をきる。長ねぎは小口切りにする。
2 フライパンにオリーブオイル、にんにく、1を入れて中火で1～2分炒める。Aを加えてみそを溶き混ぜ、火を止める。
3 スパゲティは表示時間どおりにゆで、ザルに上げる。2に加えて中火で30秒ほど温める。

豆乳が分離しやすいので、煮立たせないように注意して。

山菜の
みそ豆乳パスタのアレンジ

山菜とひき肉の みそ豆乳パスタ

ボリュームアップには淡泊な鶏ひき肉で

「山菜のみそ豆乳パスタ」に鶏ひき肉100gを加える。ひき肉は山菜、長ねぎと一緒に炒めて火をとおす。

シンプルパスタ

新じゃがとベーコンの パセリたっぷりパスタ

カリッとした新じゃがとベーコンがおいしい

材料（2人分）

スパゲティ（1.6㎜）……160g
新じゃがいも……1個
スライスベーコン……4枚
パセリ（みじん切り）……大さじ2
にんにく（みじん切り）……1片
オリーブオイル……大さじ4
塩、黒こしょう……各適量

1 じゃがいもは皮をむかずに芽だけを取り、千切りにして水にさっとさらして水気をよくふく。ベーコンは1㎝幅に切る。
2 フライパンにオリーブオイル、1を入れて、中火で4～5分、じゃがいもがカリッとするまで炒める。途中でにんにくを加えて炒め合わせ、塩、黒こしょうをふって混ぜる。
3 スパゲティは表示時間どおりにゆで、ザルに上げる。2にスパゲティ、パセリを加えて30秒ほど炒め合わせる。

新じゃがいもは皮が薄くてやわらかいので、むかずに使います。

新じゃがとベーコンの
パセリたっぷりパスタのアレンジ

アンチョビ入り新じゃがと ベーコンのパセリたっぷりパスタ

塩気とうま味の強いアンチョビペーストをプラス

「新じゃがとベーコンのパセリたっぷりパスタ」にアンチョビペースト小さじ2を加える。アンチョビペーストはにんにくと一緒に加えて炒め合わせる。スパゲティは塩を入れずにゆで、最後に味をみて足りなければ塩でととのえる。

和風パスタ

菜の花と桜えびの かき揚げのせパスタ

かき揚げをパスタにのせたら
味つけはめんつゆで決まり！

材 料（2人分）

スパゲティ（1.6㎜）……… 200g
菜の花……… 30g
桜えび（乾燥）……… 8g
A｜天ぷら粉……… 1/2カップ
　｜水……… 大さじ6
オリーブオイル……… 大さじ3
B｜めんつゆ（2倍濃縮）、湯……… 各1/2カップ
大根おろし……… 適量

1 菜の花は2～3㎝長さに切り、桜えび、Aと一緒にさっくり混ぜる。
2 フライパンにオリーブオイルを中火で熱し、1を1/6量ずつスプーンですくって円盤状にして1～2分揚げ焼きにする。裏返して同様に焼き、カリッとしたら取り出す。
3 スパゲティは表示時間どおりにゆで、ザルに上げる。器に盛り、混ぜ合わせたBをかけ、2、大根おろしをのせる。

少ない量の油で揚げ焼きにするから、油の処理も簡単です。

菜の花と桜えびの
かき揚げのせパスタのアレンジ

にんじんと玉ねぎと桜えびの かき揚げのせパスタ

菜の花の代わりに身近な野菜でもOK

「菜の花と桜えびのかき揚げのせパスタ」の菜の花 30g→にんじん1/5本、玉ねぎ1/6個にする。にんじんは千切り、玉ねぎは薄切りにして、同様にかき揚げを作る。

おつまみにも

新玉ねぎと カリカリサーモンのパスタ

新玉ねぎたっぷりの
フレンチドレッシング風味のパスタ

材 料（2人分）

スパゲティ（1.6㎜）……… 200g
新玉ねぎ……… 1/2～1個
サーモン（切り身）……… 2切れ
にんにく（みじん切り）……… 1片
塩、こしょう、薄力粉……… 各適量
オリーブオイル……… 大さじ2
A｜オリーブオイル……… 大さじ2
　｜酢……… 大さじ1
　｜フレンチマスタード……… 小さじ1
　｜塩、こしょう……… 各少々

1 玉ねぎは繊維に垂直に薄切りにし、水に5～10分さらして水気をしっかりしぼる。サーモンは3㎝長さに切り、塩、こしょう、薄力粉をふる。
2 フライパンにオリーブオイル、サーモンを入れて中火で両面2～3分ずつ焼く。サーモンを裏返したところでにんにくを加えて炒める。
3 スパゲティは表示時間どおりにゆで、ザルに上げる。器に盛り、2、玉ねぎをのせ、上から混ぜ合わせたAをかける。

時間がたつと分離してしまうので、かける直前によく混ぜ合わせて。

新玉ねぎとカリカリサーモンの
パスタのアレンジ

新玉ねぎとスモークサーモンのパスタ

焼かずにのせるだけのクイックパスタ

「新玉ねぎとカリカリサーモンのパスタ」のサーモン（切り身）2切れ→スモークサーモン50gにする。スパゲティは基本のゆで方P36の半量の塩を入れてゆでる。スモークサーモンは長さを2～3等分に切り、玉ねぎと一緒にのせる。

和風パスタ

焼き野菜と薬味たっぷりしょうゆパスタ

しょうゆ味が効いた、夏野菜のパワーあふれるパスタ

夏
Summer

材 料（2人分）

スパゲティ（1.6㎜）……… 200g
ズッキーニ ……… 1本
パプリカ（黄）……… 1/2個
ミニトマト ……… 10個
みょうが ……… 1個
しょうが ……… 1/2片
ごま油 ……… 大さじ2
A　しょうゆ ……… 大さじ1
　　和風だし（顆粒）……… 小さじ1/2

1 ズッキーニは5㎜厚さの輪切り、みょうが、しょうがは千切りにする。パプリカは縦に1㎝幅に切る。ミニトマトはへたを取る。
2 フライパンにごま油を中火で熱し、ズッキーニ、パプリカを入れて3～4分、ときどき上下を返しながら焼く。ミニトマトを加えて1分ほど焼く。
3 スパゲティは表示時間どおりにゆで、ザルに上げる（ゆで汁大さじ4は取っておく）。2にスパゲティ、ゆで汁、Aを加えて30秒ほど炒め合わせる。器に盛り、みょうが、しょうがをのせる。

あまり触らず、焼き目をつけるように焼いてください。

焼き野菜と薬味たっぷりしょうゆパスタのアレンジ

焼き野菜としらすと薬味のしょうゆパスタ

和の雰囲気がより味わえるしらすと青じそをプラス

「焼き野菜と薬味たっぷりしょうゆパスタ」のみょうが1個→青じそ（千切り）4枚にし、しらす干し20gを加える。青じそ、しらすはしょうがと一緒にのせる。

おつまみにも

フレッシュトマトとバジルの カプレーゼ風パスタ

白ワインが飲みたくなる、ひんやり冷たいパスタ

モッツァレラチーズは手でちぎると、味がなじみやすくなります。

材料（2人分）

フェデリーニ……160g
トマト……1と1/2～2個
バジルの葉……20枚程度
モッツァレラチーズ……60g
オリーブオイル……大さじ3～4
塩……適量

1 トマトは1.5～2cm角に切る。バジルの葉は大きいものはちぎる。チーズはペーパータオルで水気をふいてから、手でひと口大にちぎる。

2 フェデリーニは表示時間どおりにゆで、ザルに上げる（ゆで汁大さじ3は取っておく）。冷水で冷やし、水気をきる。

3 ボウルに1、2、オリーブオイル、塩を入れて混ぜる。水分をみながらゆで汁を加える。

ボリュームパスタ

なすとパプリカのボロネーゼ

夏野菜が主役のヘルシーなボロネーゼ

材料（2人分）

スパゲティ（1.6㎜）……… 200g
なす ……… 1本
パプリカ（黄）……… 1/2個
合いびき肉 ……… 120g
にんにく（みじん切り）……… 1片
オリーブオイル ……… 大さじ1
A ｜ トマト水煮缶（ホール）……… 300g
　｜ コンソメ（顆粒）……… 小さじ1
　｜ こしょう ……… 少々
粉チーズ ……… 適量

1 なす、パプリカは1～1.5㎝角に切る。
2 フライパンにオリーブオイルを中火で熱し、ひき肉、1、にんにくを入れて炒める。ひき肉の色が変わったらAを加え、トマトをへらでつぶしながら3～4分煮る。
3 スパゲティは表示時間どおりにゆで、ザルに上げる。2に加えて、30秒ほど炒め合わせる。器に盛り、粉チーズをふる。

なす、パプリカは火がとおりやすいので、長時間煮込まなくても大丈夫！

なすとパプリカのボロネーゼのアレンジ

なすとパプリカのクミン風味ボロネーゼ

クミンパウダーでエスニック風な味わいに

「なすとパプリカのボロネーゼ」にキドニービーンズ（水煮）50g、クミンパウダー小さじ1/4～1/2を加える。キドニービーンズ、クミンパウダーはAと一緒に加える。

おもてなしにも

シャキシャキレタスのサラダパスタ

夏のブランチに食べたい、シーザーサラダ風パスタ

葉物野菜は冷水につけるとシャキッとし、水を吸って張りも出ます。

材料（2人分）

スパゲティ（1.6㎜）……… 160g
レタス……… 2枚
ベビーリーフ……… 1パック（45g）
スライスベーコン……… 4枚
温泉卵……… 2個

A
- オリーブオイル……… 大さじ2
- マヨネーズ……… 大さじ1と1/2
- 酢、粉チーズ……… 各大さじ1
- アンチョビペースト……… 小さじ1
- にんにく（すりおろし）……… 小さじ1/2
- 塩、黒こしょう……… 各少々

粉チーズ、黒こしょう……… 各適量

1 レタスは食べやすい大きさにちぎり、ベビーリーフと合わせて冷水に2～3分さらし、水気をきる。ベーコンは4㎝長さに切り、アルミ箔を敷いた天板に並べてオーブントースター（1000W）でカリッとするまで4～5分焼き、ペーパータオルにのせて脂をきる。

2 スパゲティは表示時間どおりにゆで、ザルに上げる。冷水で冷やし、水気をきる。

3 器にレタス、ベビーリーフを敷き、**2**を盛り、ベーコンをのせ、混ぜ合わせた**A**をかける。温泉卵をのせて、粉チーズ、黒こしょうをふる。

お弁当にも

とうもろこしとゴーヤのバターポン酢パスタ

ポン酢とバターの相性がこんなにいいなんて！

材 料（2人分）

スパゲティ（1.6㎜）……… 200g
とうもろこし ……… 1本
ゴーヤ ……… 1/2本
にんにく（みじん切り）……… 1片
塩 ……… 少々
バター ……… 10g
ポン酢しょうゆ ……… 大さじ3

1 とうもろこしは実をそぐ。ゴーヤは縦半分に切ってスプーンで種、わたを除いて3～4㎜厚さに切り、塩でもんで5分おいてから塩を洗い流して水気をきる。
2 フライパンにバター、1、にんにくを入れて中火で3～4分炒める。
3 スパゲティは表示時間どおりにゆで、ザルに上げる。2にスパゲティ、ポン酢しょうゆを加えて30秒ほど炒め合わせる。

ゴーヤは塩もみすると苦味がやわらぎ、子どもでも食べやすくなります。

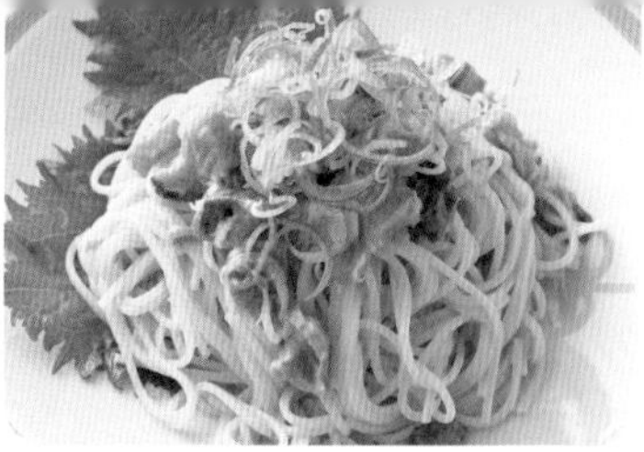

和風パスタ

みょうがとかつおのタルタル風パスタ

日本酒と合わせたくなる冷製パスタ

材 料（2人分）

フェデリーニ ……… 160g
かつおのたたき（市販）……… 160g
みょうが ……… 4個
A
オリーブオイル ……… 大さじ2
しょうゆ ……… 大さじ1
マヨネーズ ……… 小さじ2
マスタード ……… 小さじ1
黒こしょう ……… 少々
青じそ ……… 4枚

1 かつおは1㎝角に切る。みょうがは薄い小口切りにして水にさっとさらし、水気をしぼる。ボウルにかつお、みょうがの半量、Aを入れて混ぜる。
2 フェデリーニを表示時間どおりにゆで、ザルに上げる。冷水で冷やし、水気をきる。1に加えて混ぜる。
3 器に青じそを敷き、2を盛り、残りのみょうがをのせる。

みょうがの半量はあとのせで、シャキシャキの歯ざわりを楽しんで。

とうもろこしとゴーヤのバターポン酢パスタのアレンジ

とうもろこしとゴーヤとひき肉のバターポン酢パスタ

肉を加えるならジューシーでコクがある豚ひき肉を

「とうもろこしとゴーヤのバターポン酢パスタ」に豚ひき肉100gを加える。ひき肉はとうもろこし、ゴーヤと一緒に炒める。

みょうがとかつおのタルタル風パスタのアレンジ

みょうがとまぐろのタルタル風パスタ

香ばしさはないけど、まぐろでもおいしく作れます

「みょうがとかつおのタルタル風パスタ」のかつおのたたき（市販）160g→まぐろ（刺身用）160gにする。まぐろは1㎝角に切り、みょうがの半量、Aと一緒に混ぜる。

ピリ辛パスタ

オクラといかのカレー風味パスタ

ビールがすすむ、夏にぴったりのカレー味

材料（2人分）

スパゲティ（1.6㎜）……200g
オクラ……6～8本
冷凍いか（カット）……150g
にんにく（みじん切り）……1片
オリーブオイル……大さじ3
A｜カレー粉、みりん、水
　｜……各大さじ1
　｜コンソメ（顆粒）……小さじ1

1 いかは解凍しておく。オクラはへたを取って板ずりし、斜め半分に切る。
2 フライパンにオリーブオイル大さじ2、にんにく、1を入れて2～3分炒める。
3 スパゲティは表示時間どおりにゆで、ザルに上げる（ゆで汁大さじ4は取っておく）。2にスパゲティ、A、ゆで汁、残りのオリーブオイルを加えて30秒ほど炒め合わせる。

板ずりするとうぶ毛が取れて、口当たりがよくなります。色も鮮やかに！

和風パスタ

しし唐とコンビーフのしょうゆパスタ

塩こうじで味わい深い仕上がりに

材料（2人分）

スパゲティ（1.6㎜）……200g
しし唐辛子……12～16本
コンビーフ……80g
青じそ……6枚
オリーブオイル……大さじ3
A｜塩こうじ……大さじ1
　｜しょうゆ……小さじ1

1 しし唐辛子はへたを取る。青じそは千切りにする。
2 フライパンにオリーブオイル大さじ1を中火で熱し、しし唐辛子を入れて2～3分炒める。コンビーフを加えて、ほぐしながら1分ほど炒め合わせる。
3 スパゲティは表示時間どおりにゆで、ザルに上げる（ゆで汁大さじ4は取っておく）。2にスパゲティ、A、ゆで汁、残りのオリーブオイルを加えて30秒ほど炒め合わせる。器に盛り、青じそを散らす。

フライパンに入れる前に少しほぐしておくと、炒めやすくなります。

しし唐とコンビーフのしょうゆパスタのアレンジ

しし唐とさばのしょうゆパスタ

魚好きならさばでチャレンジを！

「しし唐とコンビーフのしょうゆパスタ」のコンビーフ80g→さば缶（水煮）1缶（150g）にする。さばは缶汁をきり、コンビーフと同様のタイミングで炒め合わせる。Aの量は味をみながら調節する。

お弁当にも

いんげんとチョリソーの中華風味パスタ

大きなチョリソーにダイナミックにかぶりついて！

材 料（2人分）

スパゲティ（1.6㎜）……… 200g
さやいんげん ……… 10本
チョリソー（ロング）……… 3本
にんにく（みじん切り）……… 1片
ごま油 ……… 大さじ3
A | 鶏がらスープの素（顆粒）……… 小さじ2
  | こしょう ……… 少々
万能ねぎ（小口切り）……… 2～3本

1 さやいんげんは斜め2～3等分、チョリソーは縦半分に切る。

食べやすいように、縦半分に切ってから斜め切りにしても。

2 フライパンにごま油大さじ2を中火で熱し、にんにく、1を入れて3～4分炒める。
3 スパゲティは表示時間どおりにゆで、ザルに上げる（ゆで汁大さじ4は取っておく）。2にスパゲティ、A、ゆで汁、残りのごま油を加えて30秒ほど炒め合わせる。器に盛り、万能ねぎを散らす。

シンプルパスタ

ズッキーニとトマトとブラックオリーブのパスタ

ブラックオリーブが味の決め手！ 見た目もおしゃれ

材 料（2人分）

スパゲティ（1.6㎜）……… 200g
ズッキーニ ……… 1本
トマト ……… 1個
ブラックオリーブ（輪切り）……… 25g
オリーブオイル ……… 大さじ2
塩 ……… 小さじ1/3
黒こしょう、粉チーズ ……… 各適量

1 ズッキーニは1㎝角、トマトは2㎝角に切る。
2 フライパンにオリーブオイル、ズッキーニを入れて中火で3～4分炒める。ブラックオリーブ、トマトを加えてさっと炒め合わせる。
3 スパゲティは表示時間どおりにゆで、ザルに上げる。2に加えて30秒ほど炒め合わせ、塩、黒こしょうで味をととのえる。器に盛り、粉チーズをふる。

ブラックオリーブが粒の場合は、種を除いて薄切りにして使ってください。

秋
Autumn

おやつにも

カリカリさつまいものバターじょうゆパスタ

バターじょうゆがからんだ甘いさつまいも、
これは禁断の味！

材 料（2人分）

スパゲティ（1.6㎜）……… 200g
さつまいも ……… 1/2本（160g）
オリーブオイル ……… 大さじ3
塩、削り節 ……… 各適量
A　しょうゆ ……… 大さじ1
　　バター ……… 10g
バター ……… 5g

1 さつまいもは細切りにして水にさらし、水気をしっかりふく。
2 フライパンにオリーブオイルを中火で熱し、1を入れてカリカリになるまる3～5分焼いて一度取り出し、油をきって塩をふる。フライパンの油をペーパータオルなどでふき取り、戻し入れる。
3 スパゲティは表示時間どおりにゆで、ザルに上げる。2にスパゲティ、Aを加えて混ぜる。器に盛り、削り節をかけ、バターをのせる。

さつまいもにあまり触らず、ときどき上下を返す程度にして焼くとカリカリに！

カリカリさつまいものバターじょうゆパスタのアレンジ

カリカリさつまいもとくるみのバターじょうゆパスタ

サクサクした食感のくるみがアクセントになります

「カリカリさつまいものバターじょうゆパスタ」にくるみ30gを加える。くるみは粗く刻み、さつまいもを3～5分焼いたあとに加えて1分ほど炒め合わせ、一度取り出し、油をきって塩をふる。

和風パスタ

さんまとまいたけの しょうゆパスタ

秋の味覚の代表格、きのことさんまをパスタで味わいます

もちろん生のさんまを塩焼きにして使ってもＯＫです。

材 料（2人分）

スパゲティ（1.6㎜）……… 200g
さんまの塩焼き（市販）……… 1尾
まいたけ ……… 80g
しょうが ……… 1/2片
オリーブオイル ……… 大さじ2
A しょうゆ ……… 小さじ2
　みりん ……… 大さじ1/2
　和風だし（顆粒）……… 小さじ1/2
粉山椒 ……… 適量

1 さんまは骨を除いて軽くほぐす。まいたけは手で裂いてほぐす。しょうがは千切りにする。

2 フライパンにオリーブオイルを中火で熱し、まいたけ、しょうがを入れて３～４分炒める。

3 スパゲティは表示時間どおりにゆで、ザルに上げる（ゆで汁大さじ４は取っておく）。**2**にスパゲティ、ゆで汁、さんま、**A**を加えて30秒ほど炒め合わせる。器に盛り、粉山椒をふる。

さんまとまいたけのしょうゆパスタのアレンジ

さんまとまいたけの わさびじょうゆパスタ

粉山椒の辛味の代わりは
練りわさびで

「さんまとまいたけのしょうゆパスタ」の粉山椒適量→万能ねぎ（小口切り）大さじ２～３にし、練りわさび少々を加える。万能ねぎはスパゲティの上に散らし、わさびは添えて混ぜながら食べる。

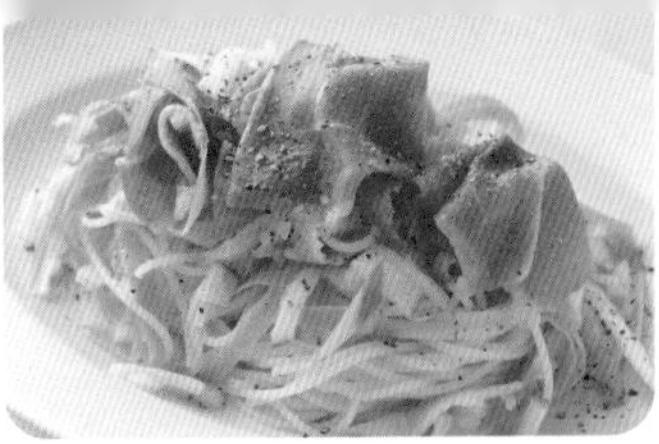

おもてなしにも

りんごとにんじんと生ハムのパスタ

おもてなしに前菜として出したい
スタイリッシュなパスタ

材 料（2人分）

フェデリーニ ……… 150g
りんご ……… 1個
にんじん ……… 1/2本
生ハム ……… 80g
オリーブオイル ……… 大さじ3
塩、黒こしょう ……… 各適量
レモン汁 ……… 大さじ2

彩りのよいにんじんをピーラーでリボンのように削ると、華やかなひと皿に！

1 りんごは細切りにする。にんじんはピーラーでリボン状に削る。生ハムは大きければ食べやすく切る。

2 フライパンにオリーブオイル大さじ1、りんご、にんじんを入れて中火で30秒〜1分炒め、塩をふって火を止める。

3 フェデリーニは表示時間どおりにゆで、ザルに上げる。**2**にフェデリーニ、残りのオリーブオイル、レモン汁を加えて混ぜる。味をみて足りなければ塩でととのえる。器に盛り、生ハムをのせ、黒こしょうをふる。

おもてなしにも

マッシュルームとベーコンの粒マスタードクリームパスタ

マスタードとしょうゆが
クリームソースをキリッと引き締めます

材 料（2人分）

スパゲティ（1.6㎜）……… 200g
マッシュルーム（白）……… 4〜6個
スライスベーコン ……… 3枚
にんにく（みじん切り）……… 1片
オリーブオイル ……… 大さじ1
A 生クリーム ……… 1/2カップ
牛乳 ……… 1/4カップ
粒マスタード ……… 大さじ1
しょうゆ ……… 小さじ1

1 マッシュルームは石づきを除いて5㎜厚さ、ベーコンは3㎝幅に切る。

2 フライパンにオリーブオイルを中火で熱し、**1**を入れて2〜3分炒め、にんにくを加えて1〜2分炒め合わせる。

3 スパゲティは表示時間どおりにゆで、ザルに上げる（ゆで汁大さじ4は取っておく）。**2**にスパゲティ、**A**、ゆで汁を加えて煮立つ直前まで温める。

水分量をみながら、ゆで汁の量は調節してください。

マッシュルームとベーコンの粒マスタードクリームパスタのアレンジ

ミックスきのことベーコンの粒マスタードクリームパスタ

きのこの種類を増やせば
食感もおいしさもアップ！

「マッシュルームとベーコンの粒マスタードクリームパスタ」のマッシュルーム（白）4〜6個→2〜3個にし、まいたけ（ほぐす）40g、しいたけ（薄切り）2枚を加える。まいたけ、しいたけはマッシュルーム、ベーコンと一緒に炒める。

ボリュームパスタ

栗の甘露煮と豚肉のパスタ

甘じょっぱさがクセになりそう！

材料（2人分）

スパゲティ（1.6㎜）……200g
栗の甘露煮（市販）……12粒
豚バラ薄切り肉……120g
にんにく（みじん切り）……1片
塩、黒こしょう……各適量
オリーブオイル……大さじ2

1 栗はさっと洗って水気をきり、半量は粗く刻み、残りは半分に切る。豚肉は4㎝長さに切り、塩、黒こしょうをふる。

2 フライパンにオリーブオイルを中火で熱し、豚肉を入れて2～3分炒め、栗、にんにくを加えて1～2分炒め合わせる。

3 スパゲティは表示時間どおりにゆで、ザルに上げる（ゆで汁大さじ4は取っておく）。**2**にスパゲティ、ゆで汁を加えて30秒ほど炒め合わせる。味をみて足りなければ塩でととのえる。器に盛り、黒こしょうをふる。

全体になじませ、存在感も残す、
2種類の切り方がポイント！

栗の甘露煮と
豚肉のパスタのアレンジ

栗の甘露煮と鶏肉のパスタ

鶏肉ならジューシーで食べごたえあり！

「栗の甘露煮と豚肉のパスタ」の豚バラ薄切り肉120g→鶏もも肉1/2枚にする。鶏肉は3㎝角に切り、ふたをして両面3～4分ずつ焼く。

和風パスタ

しいたけと里いもの肉みそパスタ

ほっとできるやさしい和風のみそ味

材料（2人分）

スパゲティ（1.6㎜）……200g
しいたけ……6枚
里いも……2個
鶏ひき肉……120g
にんにく（みじん切り）……1片
塩……適量
オリーブオイル……大さじ1
A みそ……大さじ1と1/2
酒……大さじ1
しょうゆ……小さじ1
砂糖……小さじ1/2

1 しいたけは軸を除いて薄切りにする。里いもは皮をむいて5㎜厚さに切り、塩でもんで洗って水気をふく。

2 フライパンにオリーブオイルを中火で熱し、**1**、にんにく、ひき肉を入れてざっと混ぜ、ふたをして弱火で6～8分、里いもの上下を返しながら火がとおるまで焼く。**A**を加えて炒め合わせる。

3 スパゲティは表示時間どおりにゆで、ザルに上げる（ゆで汁大さじ4は取っておく）。**2**にスパゲティ、ゆで汁を加えて30秒ほど炒め合わせる。

鶏ひき肉を使うとやさしい仕上がりに、
豚ひき肉なら味のパンチがアップします。

おもてなしにも

ミックスきのことコンビーフのクミン風味パスタ

異国の風を感じる、クミンを効かせたパスタ

材料（2人分）
フジッリ……160g
まいたけ……100g
マッシュルーム（白）……6個
コンビーフ……60g
にんにく（みじん切り）……2片
オリーブオイル……大さじ2
クミンパウダー……小さじ1/2

1 まいたけは手で裂いてほぐす。マッシュルームは石づきを除いて5mm厚さに切る。
2 フライパンにオリーブオイルを中火で熱し、1を入れて4～5分焼き、にんにく、コンビーフを加えて1～2分炒め合わせる。
3 フジッリは表示時間どおりにゆで、ザルに上げる（ゆで汁大さじ4は取っておく）。2にフジッリ、ゆで汁、クミンパウダーを加えて30秒ほど炒め合わせる。

クルクルとらせん状の形をしたフジッリは味がからみやすい！

ミックスきのことコンビーフのクミン風味パスタのアレンジ

ヨーグルトソースがけミックスきのことコンビーフのクミン風味パスタ

ヨーグルトソースをプラスしてさわやかに味変

「ミックスきのことコンビーフのクミン風味パスタ」にプレーンヨーグルト1/4カップ、レモン汁小さじ1/2、マヨネーズ大さじ2、塩少々を混ぜ合わせたヨーグルトソースをかける。

シンプルパスタ

さつまいもとウィンナーのトマト煮込みペンネ

ペンネをソースの中で煮込むから、手間いらず！

材料（2人分）
ペンネ……160g
さつまいも……1/2本（100g）
ウィンナー……4本
にんにく（みじん切り）……1片
オリーブオイル……大さじ1
A トマト水煮缶（ホール）……300g
水……1カップ
コンソメ（顆粒）……小さじ1/2
塩……小さじ1/4
砂糖……ひとつまみ

1 さつまいもは1cm厚さの輪切りにし、水にさっとさらして水気をきる。ウィンナーは斜めに3等分に切る。
2 鍋にオリーブオイルを中火で熱し、1、にんにくを入れて1分ほど炒める。Aを加えてトマトをへらでつぶしながら一度煮立たせ、ふたをして弱火でときどき混ぜながら4～5分煮る。
3 2にペンネを加えてふたをし、ときどき混ぜながらペンネがやわらかくなるまで煮る。

表示時間＋5分を目安に煮ます。途中で水分が足りなくなったら水を加えて。

さつまいもとウィンナーのトマト煮込みペンネのアレンジ

じゃがいもとウィンナーのトマト煮込みペンネ

じゃがいももホクホクでおいしく作れます

「さつまいもとウィンナーのトマト煮込みペンネ」のさつまいも1/2本（100g）→じゃがいも1/2個にする。じゃがいもは1.5cm角に切り、同様に作る。さつまいもより火がとおりにくいので、竹串が刺さるくらいまで煮てから、ペンネを加える。

冬
Winter

おもてなしにも

白菜とあさりのチーズクリームパスタ

コクがあるのにやさしい味のソースに癒やされます

材料（2人分）

スパゲティ（1.6㎜）……… 200g
あさり（砂抜き済み）……… 200g
白菜……… 1～2枚（150g）
バター……… 10g
白ワイン……… 大さじ2
A
牛乳……… 150mℓ
クリームチーズ……… 80g
コンソメ（顆粒）……… 小さじ1/2
こしょう……… 少々

1 あさりはこすり合わせてよく洗い、ザルに上げて水気をきる。白菜は5㎝長さ、1㎝幅に切る。
2 フライパンにバターを中火で熱し、白菜を入れて1～2分炒め、あさり、白ワインを加えてふたをし、あさりの口が開くまで加熱する。Aを加えて弱火で温め、混ぜながらチーズを溶かす。
3 スパゲティは表示時間どおりにゆで、ザルに上げる。2に加えて30秒ほど軽く混ぜながら温める。

長時間加熱しすぎると、あさりの身が縮んでしまうので注意して。

水菜とさばの
おろしポン酢パスタ

脂ののったさばを、さっぱりおろしポン酢でいただきます

材料（2人分）
スパゲティ（1.6㎜）……… 200g
塩さばフィレ（骨なし）……… 1尾分
水菜 ……… 2株
大根 ……… 6cm
にんにく（みじん切り）……… 1片
オリーブオイル ……… 大さじ2
ポン酢しょうゆ ……… 大さじ3～4

水菜は最後に加えて、シャキシャキ感を残します。

1 さばは3cm幅、水菜は4cm長さに切る。大根は皮をむいてすりおろし、水気を軽くしぼる。
2 フライパンにオリーブオイルを中火で熱し、さばを皮目から入れて2～3分焼く。裏返して2分ほど焼き、にんにくを加えて1～2分加熱する。
3 スパゲティは表示時間どおりにゆで、ザルに上げる。2にスパゲティ、水菜を加えて30秒ほど炒め合わせる。器に盛り、大根おろしをのせ、ポン酢しょうゆをかける。

シンプルパスタ

れんこんとツナのゆずこしょうパスタ

れんこんのシャキシャキ食感がうれしい！

材料（2人分）
スパゲティ（1.6㎜）……… 200g
れんこん……… 6㎝（150g）
ツナ缶（油漬け）……… 70g
にんにく（みじん切り）……… 1片
オリーブオイル……… 大さじ2
A
水……… 大さじ2
ゆずこしょう……… 小さじ1～1と1/3
鶏がらスープの素（顆粒）……… 小さじ1/2

1 れんこんは3～4㎜厚さのいちょう切りにして水にさっとさらし、水気をきる。ツナは缶汁をきる。
2 フライパンにオリーブオイルを中火で熱し、れんこんを入れて3～4分炒める。にんにく、ツナを加えて炒め合わせる。
3 スパゲティは表示時間どおりにゆで、ザルに上げる（ゆで汁大さじ3は取っておく）。2にスパゲティ、混ぜ合わせたAを加えて30秒ほど炒め合わせる。水分と味をみてゆで汁を加えて混ぜる。

ゆずこしょうが溶けにくいので、よく混ぜ合わせて。

れんこんとツナのゆずこしょうパスタのアレンジ

春菊とツナのゆずこしょうパスタ

春菊の苦味が大人味のパスタに

「れんこんとツナのゆずこしょうパスタ」のれんこん6㎝（150g）→春菊100gにする。春菊は4㎝長さに切り、にんにく、ツナと一緒にさっと炒める。

おもてなしにも

ほうれん草とベーコンのゴルゴンゾーラクリームパスタ

ゆっくり飲みたくなる、ワインにぴったりのパスタ

材料（2人分）
スパゲティ（1.6㎜）……200g
ほうれん草……1/2把（100g）
スライスベーコン……3枚
オリーブオイル……大さじ1
A｜生クリーム……150㎖
　｜ゴルゴンゾーラチーズ……70g
黒こしょう……適量

1 ほうれん草は4㎝幅、ベーコンは2㎝幅に切る。
2 フライパンにオリーブオイルを中火で熱し、ベーコンを入れて1～2分炒め、ほうれん草を加えてさっと炒め合わせ、一度取り出す。フライパンにAを入れて弱火で温めて、溶かす。
3 スパゲティは表示時間どおりにゆで、ザルに上げる（ゆで汁大さじ6は取っておく）。2にスパゲティ、ほうれん草、ベーコンを加えて30秒ほど煮立てないよう注意しながら温める。水分と味をみてゆで汁を加えて混ぜる。器に盛り、黒こしょうをふる。

水分が十分で味が足りないときは、塩少々を加えてください

ほうれん草とベーコンのゴルゴンゾーラクリームパスタのアレンジ

ほうれん草とえびのゴルゴンゾーラクリームパスタ

えびとブルーチーズの相性も抜群！

「ほうれん草とベーコンのゴルゴンゾーラクリームパスタ」のスライスベーコン3枚→むきえび150gにし、塩適量を加える。えびは背わたを除き、塩をふって軽くもんで洗い流し、水気をしっかりふく。オリーブオイルで3分ほど炒め、ほうれん草を加える。

ピリ辛パスタ

つぶしブロッコリーの ペペロンチーノ風

ブロッコリーをたっぷり使って
シンプルなのに栄養満点！

材 料（2人分）

スパゲティ（1.6㎜）……… 200g
ブロッコリー……… 小1個（150g）
にんにく（みじん切り）……… 2片
オリーブオイル……… 大さじ4
赤唐辛子（輪切り）……… ひとつまみ
A｜水……… 1/2カップ
　｜塩……… 小さじ1/4
粉チーズ……… 適量

1 ブロッコリーは小房に分ける。
2 フライパンにオリーブオイル、にんにく、赤唐辛子を入れて弱火で炒める。にんにくの香りが立ったらブロッコリー、**A**を加えてふたをして中火で5～6分煮る。ブロッコリーがやわらかくなったら、ブロッコリーの半量をへらでつぶす。
3 スパゲティは表示時間どおりにゆで、ザルに上げる（ゆで汁大さじ4は取っておく）。**2**にスパゲティ、ゆで汁を加えて30秒ほど炒め合わせる。器に盛り、粉チーズをふる。

半量はへらでつぶしてスパゲティになじませ、残りは食感を残します。

つぶしブロッコリーの
ペペロンチーノ風のアレンジ

つぶしブロッコリーとアボカドの ペペロンチーノ風

アボカドのねっとり食感もプラス

「つぶしブロッコリーのペペロンチーノ風」にアボカド1/2個を加える。アボカドは1㎝角に切り、ブロッコリーの半量をへらでつぶしたあとに加える。軽くつぶしながら1～2分加熱する。

お弁当にも

水菜と焼き豚の たっぷりねぎ塩パスタ

ごま油で炒めたたっぷりのねぎのうま味が
食欲をそそります

材 料（2人分）

スパゲティ（1.6㎜）……… 200g
水菜……… 1株
焼き豚（薄切り）……… 40g
長ねぎ……… 1本
にんにく（みじん切り）……… 1/2片
ごま油……… 大さじ3
A｜鶏がらスープの素（顆粒）……… 小さじ1
　｜酒……… 大さじ1
焼きのり……… 適量

1 水菜は4㎝長さに切る。焼き豚は8㎜幅の細切り、長ねぎは薄い小口切りにする。
2 フライパンにごま油大さじ2を中火で熱し、にんにく、焼き豚、長ねぎを入れて1分ほど炒め、水菜を加えてさっと炒め合わせる。
3 スパゲティは表示時間どおりにゆで、ザルに上げる（ゆで汁大さじ4は取っておく）。**2**にスパゲティ、ゆで汁、**A**、残りのごま油を加えて30秒ほど炒め合わせる。器に盛り、ちぎったのりをのせる。

のりはたっぷりがおいしい！ 刻みのりでもＯＫです。

和風パスタ

長いもとしめじのコンソメバターじょうゆパスタ

シャクシャクした長いもの食感が楽しい！

材料（2人分）

スパゲティ（1.6mm）……… 200g
長いも ……… 8cm（200g）
ウィンナー ……… 3本
しめじ ……… 50g
にんにく（みじん切り）……… 1/2片
オリーブオイル ……… 大さじ1
A｜しょうゆ ……… 大さじ1～1と1/3
　｜バター ……… 10g
　｜青のり ……… 小さじ2
　｜コンソメ（顆粒）……… 小さじ1/2

1 長いもはよく洗って皮つきのまま5mm厚さの半月切り、ウィンナーは斜め切りにする。しめじは石づきを除き、ほぐす。
2 フライパンにオリーブオイルを中火で熱し、長いもを並べ、ふたをして2分ほど焼く。裏返してにんにく、ウィンナー、しめじを加えて2～3分炒める。
3 スパゲティは表示時間どおりにゆで、ザルに上げる（ゆで汁大さじ4は取っておく）。**2**にスパゲティ、**A**、ゆで汁を加えて30秒ほど炒め合わせる。

焼く場合は皮つきのままでOK。ひげ根が気になる方は包丁でこそげ取って。

おもてなしにも

カリフラワーのカルボナーラ風ペンネ

カリフラワーがうま味と軽やかさをプラスした進化系カルボナーラ！

材料（2人分）

ペンネ ……… 160g
カリフラワー ……… 1/2株（150g）
にんにく（みじん切り）……… 1/2片
オリーブオイル ……… 大さじ1
A｜水 ……… 1/2カップ
　｜塩 ……… 小さじ1/4
　｜こしょう ……… 少々
B｜生クリーム ……… 1/2カップ
　｜粉チーズ ……… 大さじ2
温泉卵 ……… 2個
黒こしょう、粉チーズ ……… 各適量

1 カリフラワーは小さめの小房に分ける。
2 フライパンにオリーブオイル、にんにくを入れて弱火で炒め、にんにくの香りが立ったら**1**、**A**を加えて中火で一度煮立たせ、ふたをして弱火で6～8分煮る。カリフラワーがやわらかくなったらへらで軽くつぶし、**B**を加えて混ぜ、火を止める。
3 ペンネは表示時間どおりにゆで、ザルに上げる。**2**に加え、混ぜながら中火で30秒ほど温める。器に盛り、温泉卵をのせ、黒こしょう、粉チーズをふる。

途中で水分が足りなくなったら、水を加えてください。

和風パスタ

ほうれん草としらすのしょうゆパスタ

さっぱりしているから、いくらでも食べられちゃう

材料（2人分）

スパゲティ（1.6㎜）……… 200g
ほうれん草……… 1/2把（100g）
しらす干し……… 60g
オリーブオイル……… 大さじ2
A 和風だし（顆粒）……… 小さじ1
　しょうゆ……… 大さじ1/2
とろろ昆布……… 適量

1 ほうれん草は4㎝長さに切る。
2 フライパンにオリーブオイルを中火で熱し、1を入れて30秒〜1分炒める。
3 スパゲティは表示時間どおりにゆで、ザルに上げる（ゆで汁大さじ4は取っておく）。2にスパゲティ、A、しらす、ゆで汁を加えて30秒ほど炒め合わせる。器に盛り、とろろ昆布をのせる。

しらすはそのまま食べられるので、しらすが温まる程度に炒め合わせて。

ほうれん草としらすの
しょうゆパスタのアレンジ

ほうれん草とかに風味かまぼこのしょうゆパスタ

かに風味かまぼこで食べごたえと色味をアップ

「ほうれん草としらすのしょうゆパスタ」のしらす干し60g→かに風味かまぼこ4本にする。かに風味かまぼこは長さを3等分に切って軽くほぐし、スパゲティと一緒に炒め合わせる。

おつまみにも

かぶとたらのレモン風味パスタ

和風の素材をレモンバター風味でいただきます

材料（2人分）

スパゲティ（1.6㎜）……… 200g
かぶ……… 2個
生たら（切り身）……… 2切れ
レモン（国産）……… 1/2個
にんにく（みじん切り）……… 1/2片
塩、こしょう、薄力粉……… 各適量
バター……… 20g
A 粉チーズ……… 大さじ2
　白ワイン……… 大さじ1
　黒こしょう……… 適量

1 たらはそれぞれ3〜4等分に切り、塩、こしょう、薄力粉をふる。かぶは5㎜厚さの半月切りにし、葉があれば1〜2本を1㎝長さに切る。レモンは皮を千切りにして飾り用に少し取っておき、しぼる。
2 フライパンにバター10gを中火で熱し、たら、かぶを並べて2〜3分焼く。こんがりと焼き色がついたら裏返し、にんにくを加えて2〜3分焼き、火をとおす。
3 スパゲティは表示時間どおりにゆで、ザルに上げる（ゆで汁大さじ3は取っておく）。2にスパゲティ、A、レモン汁、残りのバター、かぶの葉、ゆで汁を加えて30秒ほど炒め合わせる。器に盛り、レモンの皮の千切りをのせる。

生のレモンの代わりにレモン汁大さじ2〜3でも。その場合は皮はなくてもOK。

COLUMN 2

お弁当パスタ

一品だけでも大満足のメインパスタとすき間埋めにも使えるおかずパスタをご紹介。
どれも忙しい朝でもパパッと作れます。

ツナとひじきといんげんのパスタ（P98 写真上）

ひじきは水煮を使えば、短時間で作れます。

材 料（1人分）
スパゲティ（1.6㎜）……80g
ツナ缶（油漬け）……40g
ひじき（水煮）……30g
さやいんげん……4本
オリーブオイル……大さじ2
A｜しょうゆ……小さじ2
｜和風だし（顆粒）……小さじ1/3

1 ツナは缶汁をきる。さやいんげんは3～4㎝長さに切る。
2 フライパンにオリーブオイルを弱火で熱し、さやいんげんを入れて3～4分炒める。ツナ、ひじきを加えて軽く混ぜる。
3 スパゲティは表示時間どおりにゆで、ザルに上げる。2にスパゲティ、Aを加えて30秒ほど炒め合わせる。

ハムとコーンのサラダパスタ（P98 写真下）

材 料（1人分）
サラダ用スパゲティ……25g
スライスハム……1枚
ホールコーン……大さじ1
オリーブオイル……小さじ1/3
A｜マヨネーズ……大さじ1
｜酢……小さじ1/3
｜砂糖、塩、こしょう……各少々
ドライパセリ……少々

1 サラダ用スパゲティは表示時間どおりにゆで、ザルに上げる。冷水で冷やして水気をきり、オリーブオイルをまぶす。
2 ハムは半分に切ってから5㎜幅に切る。
3 ボウルに1、2、コーン、Aを入れて混ぜる。おかずカップに入れ、ドライパセリをふる。

通常のスパゲティよりゆで時間が短く、麺の長さも短いのでソースにからみやすい！

オムパスタ（P99 写真左）

弁当箱のふたにトマトケチャップがつかないように、スパゲティの上にかけます。

材料（1人分）

スパゲティ（1.6㎜）……… 80g
玉ねぎ……… 1/6個
A｜卵……… 1個
　｜牛乳……… 小さじ1
　｜塩、こしょう……… 各少々
鶏ひき肉……… 50g
オリーブオイル……… 小さじ4
B｜トマトケチャップ
　｜　……… 大さじ2と1/2～3
　｜コンソメ（顆粒）……… 小さじ1/4
トマトケチャップ……… 適量

1 玉ねぎは薄切りにする。Aは混ぜ合わせる。
2 フライパンにオリーブオイル小さじ1を熱し、Aを流し入れてオムレツを作り（P130参照）、一度取り出す。フライパンに残りのオリーブオイル、ひき肉、玉ねぎを入れて炒め、Bを加えて混ぜる。
3 スパゲティは表示時間どおりにゆで、ザルに上げる。2に加えて30秒ほど炒め合わせる。弁当箱に入れて、トマトケチャップをかけ、オムレツをのせる。

ペンネのミニグラタン風（P99 写真右）

野菜を切る手間が省けるミックスベジタブルはお弁当作りに◎。凍ったまま加えて。

材料（1人分）

ペンネ……… 20g
冷凍ミックスベジタブル……… 大さじ1
ツナ缶（油漬け）……… 大さじ1/2
A｜トマトケチャップ……… 大さじ1
　｜塩……… 少々
ピザ用チーズ……… 10g

1 ペンネは表示時間どおりにゆでる。ゆで上がる1分前にミックスベジタブルを加えて、一緒にザルに上げる。
2 ボウルに1、軽く缶汁をきったツナ、Aを加えて混ぜる。耐熱のおかずカップに入れ、チーズをのせ、オーブントースター（1000W）でチーズが溶けるまで5分ほど焼く。

さっぱり食べたい和風パスタ

普段使っている和の調味料、しょうゆやみそ、めんつゆなどを使ったパスタは、さっぱりおいしい！

シンプルパスタ

しらすと青じその梅じょうゆパスタ

梅の酸味を効かせた、青じそどっさりのパスタ

材料（2人分）

スパゲティ（1.6㎜）……… 200g
しらす干し……… 50g
青じそ……… 10枚
梅干し……… 2個
にんにく（みじん切り）……… 1片
オリーブオイル……… 大さじ3
しょうゆ……… 大さじ1

1 青じそは千切りにする。梅干しは種を除いて刻む。
2 フライパンにオリーブオイル、にんにくを入れ、にんにくの香りが立つまで弱火で炒める。
3 スパゲティは基本のゆで方 P36 の半量の塩を入れて表示時間どおりにゆで、ザルに上げる（ゆで汁大さじ4は取っておく）。2にスパゲティ、梅肉、しょうゆ、青じその半量、しらす、ゆで汁を加えて30秒ほど炒め合わせる。器に盛り、残りの青じそをのせる。

梅干しの塩味があるので、塩は半量でゆでるのがおすすめです。

しらすと青じその梅じょうゆパスタのアレンジ

ツナと青じその梅じょうゆパスタ

ツナは水煮でも油漬けでも！ 水煮ならヘルシーです

「しらすと青じその梅じょうゆパスタ」のしらす干し50g→ツナ缶（水煮）70gにする。ツナは缶汁をきって、スパゲティと一緒に炒め合わせる。

和風パスタ

きのこじょうゆパスタ

好きなきのこを何でも入れて！

材料（2人分）
スパゲティ（1.6㎜）……200g
まいたけ、しめじ、しいたけなど
……合わせて150g
厚切りベーコン……2枚
にんにく（みじん切り）……1片
オリーブオイル……大さじ3
A｜しょうゆ……大さじ1～1と1/2
　｜和風だし（顆粒）……小さじ1/2
削り節……2g

1 まいたけはほぐし、しめじは根元を切り落としてほぐす。しいたけは軸を切り落として5～8㎜厚さの薄切りにする。ベーコンは1㎝幅に切る。
2 フライパンを中火で熱し、オリーブオイル、にんにく、1を入れて4分ほど炒める。きのこに火がとおったらAを加えてさっと炒め合わせる。
3 スパゲティは基本のゆで方 P36 の半量の塩を入れて表示時間どおりにゆで、ザルに上げる（ゆで汁大さじ4は取っておく）。2にスパゲティ、ゆで汁を加えて30秒ほど炒め合わせる。器に盛り、削り節をかける。

ブロックタイプでもＯＫ。好みの厚さに切って。

きのこじょうゆパスタのアレンジ

きのことひき肉のしょうゆパスタ

ベーコンを好みのひき肉に替えてもおいしい

「きのこじょうゆパスタ」の厚切りベーコン2枚→好みのひき肉120gにする。ひき肉はきのこと一緒に火がとおるまで炒める。

和風パスタ

ウィンナーとなすの みそ炒め風パスタ

ごはんがすすむ炒め物は、パスタにしたっておいしい！

A は加える前によく混ぜ合わせて、みそを溶かしておくとからめやすいです。

材料（2人分）

- スパゲティ（1.6㎜）……… 200g
- ウィンナー ……… 4本
- なす ……… 2本
- にんにく（みじん切り）……… 1片
- オリーブオイル ……… 大さじ3
- 赤唐辛子（輪切り）……… ひとつまみ
- A
  - みそ、みりん ……… 各大さじ1
  - しょうゆ ……… 小さじ1
  - しょうが（すりおろし）……… 小さじ1/2
- 白いりごま ……… 適量

1 ウィンナーは斜め切り、なすは 8㎜厚さの輪切りにする。

2 フライパンにオリーブオイル、1、赤唐辛子を入れて中火で 4 分ほど炒める。なすがしんなりしたらにんにくを加えてさっと炒め、A を加えて全体を混ぜる。

3 スパゲティは基本のゆで方 P36 の半量の塩を入れて表示時間どおりにゆで、ザルに上げる（ゆで汁大さじ 4 は取っておく）。2 にスパゲティ、ゆで汁を加えて 30 秒ほど炒め合わせる。器に盛り、白いりごまをふる。

ウィンナーとなすのみそ炒め風パスタのアレンジ

ウィンナーとズッキーニの みそ炒め風パスタ

みずみずしいズッキーニもみそ味によく合います

「ウィンナーとなすのみそ炒め風パスタ」のなす 2 本→ズッキーニ 1 本にする。ズッキーニは 8㎜厚さの半月切りにし、ウィンナーと一緒に炒める。

シンプルパスタ

ねぎとじゃこのめんつゆパスタ

朝ごはんでも夜食でも、いつでもおいしく食べられる！

材料（2人分）

スパゲティ（1.6㎜）……… 200g
万能ねぎ……… 1/3～1/2束
ちりめんじゃこ……… 35g
にんにく（みじん切り）……… 1片
オリーブオイル……… 大さじ3
めんつゆ（2倍濃縮）……… 大さじ1と1/2

1 万能ねぎは小口切りにする。
2 フライパンにオリーブオイル、にんにくを入れて弱火で炒め、にんにくの香りが立ったらちりめんじゃこを加えて中火で1～2分炒め合わせる。
3 スパゲティは表示時間どおりにゆで、ザルに上げる（ゆで汁大さじ4は取っておく）。2にスパゲティ、1、めんつゆ、ゆで汁を加えて30秒ほど炒め合わせる。

めんつゆの代わりにしょうゆ小さじ2～3＋和風だし（顆粒）小さじ1/2でもOK。

ねぎとじゃこのめんつゆパスタのアレンジ

ねぎとじゃこと小松菜のめんつゆパスタ

小松菜を加えて食べごたえアップ！

「ねぎとじゃこのめんつゆパスタ」に小松菜2株を加える。小松菜は2㎝幅に切り、ちりめんじゃこと一緒に炒め合わせる。

おつまみにも

ささみとほうれん草のゆずこしょうパスタ

満足感があるのにさっぱりとしてペロリと食べられます

風味づけにしょうゆ小さじ1/2を加えるのもおすすめです。

材料（2人分）

スパゲティ（1.6㎜）……200g
鶏ささみ……3本
ほうれん草……1/2把（100g）
オリーブオイル……大さじ3
A
- 水……大さじ2
- 酒……大さじ1
- ゆずこしょう……小さじ1
- 和風だし（顆粒）……小さじ1/2

とろろ昆布……適量

1 ささみは筋を除いてそぎ切りにする。ほうれん草は4㎝長さに切る。

2 フライパンにオリーブオイル大さじ1を中火で熱し、ささみを入れて3～4分炒めて火をとおす。ほうれん草を加えてさっと炒め合わせる。

3 スパゲティは表示時間どおりにゆで、ザルに上げる。2にスパゲティ、残りのオリーブオイル、よく混ぜ合わせたAを加えて30秒ほど炒め合わせる。器に盛り、とろろ昆布をのせる。

ささみとほうれん草のゆずこしょうパスタのアレンジ

ひき肉とほうれん草のゆずこしょうパスタ

下ごしらえのないひき肉ならもっと手早く作れます

「ささみとほうれん草のゆずこしょうパスタ」の鶏ささみ3本→鶏ひき肉100gにする。

おつまみにも

あさりとえのきの しょうゆクリームパスタ

和風なのにしっかり味のソースで、お酒にも合う！

材料（2人分）

スパゲティ（1.6㎜）……… 200g
あさり（砂抜き済み）……… 300g
えのきたけ ……… 120g
にんにく（みじん切り）……… 1片
オリーブオイル ……… 大さじ1
酒 ……… 大さじ2
A　生クリーム ……… 1/4カップ
　しょうゆ ……… 大さじ2/3
　コンソメ（顆粒）……… 小さじ1/2

1 あさりはこすり合わせてよく洗い、ザルに上げて水気をきる。えのきたけは根元を切り落とし、4㎝長さに切る。

2 フライパンにオリーブオイル、にんにくを入れて弱火で炒め、にんにくの香りが立ったらえのきたけ、あさりを加えて中火で1～2分炒め合わせる。酒を加えてふたをし、あさりの口が開くまで加熱する。Aを加えて、混ぜる。

3 スパゲティは基本のゆで方P36の半量の塩を入れて表示時間どおりにゆで、ザルに上げる（ゆで汁大さじ4は取っておく）。2にスパゲティ、ゆで汁を加えて30秒ほど炒め合わせる。

水分がなくならないように、炒めすぎに注意しましょう。

おつまみにも

いかとたらこの わさびじょうゆパスタ

わさびをピリッと効かせた、大人のたらこパスタ

ボイルいかや、下処理済みの生のいかを使ってもＯＫ。

材料（2人分）

スパゲティ（1.6㎜）……… 200g
冷凍いか（カット）……… 150g
A
- たらこ（薄皮から中身を出してほぐす）……… 60g
- 水 ……… 大さじ3
- しょうゆ ……… 小さじ1
- 練りわさび ……… 小さじ1/2

にんにく（みじん切り）……… 1片
オリーブオイル ……… 大さじ2
刻みのり ……… 適量

1 いかは解凍しておく。ボウルにAを入れて混ぜ合わせる。

2 フライパンにオリーブオイル、にんにくを入れて弱火で炒め、にんにくの香りが立ったらいかを加えて中火で２～３分炒め合わせて火をとおし、Aのボウルに加える。

3 スパゲティは基本のゆで方P36の半量の塩を入れて表示時間どおりにゆで、ザルに上げる。2のボウルに加えて混ぜる。器に盛り、のりをのせる。

シンプルパスタ

納豆のめんつゆパスタ

**いつもの納豆パスタが
オリーブオイルの香りでワンランクアップ！**

納豆にからしがついている場合は、好みで入れてもOKです。

材料（2人分）

スパゲティ（1.6㎜）……… 200g
納豆……… 2パック（80g）
A | オリーブオイル……… 大さじ1/2
めんつゆ（2倍濃縮）……… 大さじ2と1/2
万能ねぎ（小口切り）……… 1/3束

1 納豆は付属のたれを混ぜておく。
2 スパゲティは基本のゆで方 P36 の半量の塩を入れて表示時間どおりにゆで、ザルに上げる（ゆで汁大さじ4は取っておく）。
3 スパゲティを鍋に戻し入れ（またはボウルに入れる）、A、1、ゆで汁を加えて熱いうちに混ぜる。器に盛り、万能ねぎを散らす。

納豆のめんつゆパスタのアレンジ

納豆となめたけのめんつゆパスタ

なめたけをプラスしてさらにうま味をアップ！

「納豆のめんつゆパスタ」のAのめんつゆ（2倍濃縮）大さじ2と1/2→大さじ1と1/2～2にし、なめたけ大さじ4を加える。なめたけは器に盛ったあと、万能ねぎと一緒にのせる。混ぜながら食べる。

ボリュームパスタ

鮭のしょうゆ豆乳クリームパスタ

疲れたときに食べたい、豆乳＆しょうゆのやさしい味

材 料（2人分）

スパゲティ（1.6㎜）……… 200g
生鮭（切り身）……… 2切れ
ブロッコリー ……… 1/3株（80g）
にんにく（みじん切り）……… 1片
オリーブオイル ……… 大さじ1

A
無調整豆乳 ……… 1カップ
しょうゆ ……… 小さじ1と1/2
コンソメ（顆粒）……… 小さじ1/2

1 鮭は皮、骨を除き、2～3㎝幅に切る。ブロッコリーは小房に分ける。

2 フライパンにオリーブオイルを中火で熱し、鮭を入れて2～3分焼く。焼き色がついたら裏返し、フライパンのあいているところににんにくを加え、鮭に火がとおるまで2～3分焼く。Aを加えて温め、火を止める。

煮立たせすぎると、豆乳が分離してしまうので注意しましょう。

3 スパゲティは表示時間どおりにゆでる。ゆで上がる3分前にブロッコリーを加え、スパゲティと一緒にザルに上げる。2に加えて30秒ほど炒め合わせる。

鮭のしょうゆ豆乳クリームパスタのアレンジ

めかじきのしょうゆ豆乳クリームパスタ

淡泊な味わいのめかじきは
豆乳クリームパスタに合います

「鮭のしょうゆ豆乳クリームパスタ」の生鮭（切り身）2切れ→めかじき（切り身）1切れにする。めかじきは4～6等分に切る。

おつまみにも

ひき肉とねぎの肉みそパスタ

日本酒が飲みたくなる、山椒風味の和風肉みそ

材 料（2人分）

スパゲティ（1.6㎜）……… 200g
豚ひき肉……… 150g
長ねぎ……… 1/3本
にんにく（みじん切り）……… 1片
ごま油……… 大さじ2
A みそ……… 大さじ1と1/2
　しょうゆ……… 小さじ1/2
　みりん……… 小さじ1
粉山椒……… 適量

1 長ねぎはみじん切りにする。

2 フライパンにごま油、にんにく、ひき肉、**1**を入れて中火で3～4分炒める。ひき肉に火がとおったら**A**を加えて1分ほど炒め合わせて、みそをなじませる。

3 スパゲティは表示時間どおりにゆで、ザルに上げる（ゆで汁大さじ4は取っておく）。**2**にスパゲティ、ゆで汁を加えて30秒ほど炒め合わせる。器に盛り、粉山椒をふる。

お酒に合わせるときは、粉山椒はたっぷりめがおすすめです。

ひき肉とねぎの肉みそパスタのアレンジ

ひき肉とねぎの梅風味肉みそパスタ

梅肉の酸味が肉みそのアクセントに

「ひき肉とねぎの肉みそパスタ」の**A**のみそ大さじ1と1/2→大さじ1にし、**A**に梅干し1～2個を加える。梅干しは種を除いて刻む。

高菜明太パスタ

シンプルなのにうま味たっぷりで、リピート間違いなし！

材 料（2人分）

スパゲティ（1.6㎜）……… 200g
刻み高菜漬け ……… 60g
明太子（薄皮から中身を出してほぐす）
……… 30g
オリーブオイル ……… 大さじ2
しょうゆ ……… 大さじ1/2
刻みのり ……… 適量

1 フライパンにオリーブオイルを中火で熱し、高菜漬けを入れて炒める。

2 スパゲティは基本のゆで方 P36 の半量の塩を入れて表示時間どおりにゆで、ザルに上げる（ゆで汁大さじ 4 は取っておく）。

3 1にスパゲティ、しょうゆ、ゆで汁を加えて 30 秒ほど炒め合わせる。器に盛り、明太子をのせ、のりを散らす。混ぜながら食べる。

刻んでいない高菜漬けの場合は、1㎝幅に刻んでから炒めてください。

おつまみにも

アボカドとまぐろの わさびじょうゆパスタ

定番おつまみがパスタに。日本酒にも白ワインにも◎

材料（2人分）

スパゲティ（1.6㎜）……… 200g
アボカド……… 1個
まぐろ（刺身用さく）……… 100g

A | しょうゆ……… 大さじ1
　| みりん……… 小さじ1
　| 練りわさび……… 小さじ1/3～1/2

B | オリーブオイル……… 大さじ2
　| しょうゆ……… 大さじ1/2
　| 和風だし（顆粒）……… 小さじ1/2

三つ葉……… 適量

1 アボカドは2㎝角に切る。まぐろは1.5～2㎝角に切ってボウルに入れ、**A**を加えて混ぜておく。

刺身用にカットされているまぐろの場合は、3～4等分に切ります。

2 スパゲティは表示時間どおりにゆで、ザルに上げる。冷水で冷やし、水気をきる。別のボウルにスパゲティ、アボカド、**B**を入れて混ぜる。器に盛り、まぐろ、3㎝長さに切った三つ葉をのせる。

アボカドとまぐろのわさびじょうゆパスタのアレンジ

アボカドとかに風味かまぼこのわさびじょうゆパスタ

リーズナブルなかに風味かまぼこを使っても十分おいしい！

「アボカドとまぐろのわさびじょうゆパスタ」のまぐろ（刺身用さく）100g→かに風味かまぼこ8本にする。かに風味かまぼこは1.5～2㎝長さに切り、**A**であえずに、ボウルにスパゲティ、アボカド、かに風味かまぼこ、**A**、**B**を入れて混ぜる。

おもてなしにも

くるみの黒ごまみそペンネ

見た目のインパクトを
よい意味で裏切る懐かしい味

材料（2人分）

ペンネ……160g
くるみ……50g
にんにく（みじん切り）……1片
オリーブオイル……大さじ3
A 黒すりごま……大さじ2
　みそ……大さじ1～1と1/3
　砂糖……小さじ1/2

1 くるみは粗く刻む。
2 フライパンにオリーブオイル、にんにくを入れて弱火で炒める。にんにくの香りが立ったら1、Aを加えて中火で1～2分炒め合わせる。
3 ペンネは表示時間どおりにゆで、ザルに上げる（ゆで汁大さじ4は取っておく）。2にペンネ、ゆで汁を加えて30秒ほど炒め合わせる。

Aが全体になじむようによく混ぜながら炒めてください。

お弁当にも

野沢菜とえのきとハムのしょうゆパスタ

ハムのピンクに気もちが上がる
ポップな和風パスタ

材料（2人分）

スパゲティ（1.6㎜）……200g
野沢菜漬け……100g
えのきたけ……60g
スライスハム……3枚
にんにく（みじん切り）……1片
オリーブオイル……大さじ1
しょうゆ……小さじ2

1 野沢菜漬けは水気を絞って1㎝幅、えのきたけは根元を切り落として4㎝長さ、ハムは半分に切って8㎜幅に切る。
2 フライパンにオリーブオイル、にんにくを入れて弱火で炒める。にんにくの香りが立ったら1を加えて中火で2分ほど炒め合わせる。
3 スパゲティは塩を入れずに表示時間どおりにゆで、ザルに上げる（ゆで汁大さじ4は取っておく）。2にスパゲティ、ゆで汁、しょうゆを加えて30秒ほど炒め合わせる。

野沢菜漬けの塩味がかなり強いので、スパゲティをゆでるときは塩を入れずに。

おもてなしにも

さばのみそ煮とミニトマトのパスタ

コロッとしたミニトマトがかわいい
華やかなパスタ

材 料（2人分）

スパゲティ（1.6㎜）……… 200g
さば缶（みそ煮）……… 1缶（190g）
ミニトマト ……… 10～12個
にんにく（みじん切り）……… 1片
オリーブオイル ……… 大さじ2

1 フライパンにオリーブオイル、にんにくを入れて弱火で炒める。にんにくの香りが立ったらさばを缶汁ごと加えて軽くへらでつぶす。へたを取ったミニトマトを加えて、中火で一度煮立たせ、2分ほど煮る。
2 スパゲティは表示時間どおりにゆで、ザルに上げる（ゆで汁大さじ3～4は取っておく）。1にスパゲティ、ゆで汁を加えて30秒ほど炒め合わせる。

さばは存在感と食感が残る程度に軽くつぶしてください。

お弁当にも

ちくわとねぎのしょうゆマヨパスタ

お財布にもやさしいシンプルでやさしい味のパスタ

材 料（2人分）

スパゲティ（1.6㎜）……… 200g
ちくわ ……… 2本
長ねぎ ……… 1本
にんにく（みじん切り）……… 1片
オリーブオイル ……… 大さじ1
A｜マヨネーズ ……… 大さじ2
　｜しょうゆ ……… 大さじ1
黒いりごま ……… 適量

1 ちくわは斜め切り、長ねぎは斜め薄切りにする。
2 フライパンにオリーブオイル、にんにくを入れて弱火で炒める。にんにくの香りが立ったら1を加えて中火で2～3分炒め合わせる。
3 スパゲティは基本のゆで方 P36 の半量の塩を入れて表示時間どおりにゆで、ザルに上げる。2にスパゲティ、Aを加えて30秒ほど炒め合わせる。器に盛り、黒いりごまをふる。

好みで一味唐辛子や七味唐辛子を加えてもピリ辛になっておいしいです。

さばのみそ煮と
ミニトマトのパスタのアレンジ

さんまのかば焼きとミニトマトのパスタ

こちらもストックの缶詰で！
甘いタレがおいしいパスタに

「さばのみそ煮とミニトマトのパスタ」のさば缶（みそ煮）1缶（190g）→さんまのかば焼き缶1缶（100g）にする。

ちくわとねぎの
しょうゆマヨパスタのアレンジ

はんぺんとねぎのしょうゆマヨパスタ

ふわふわはんぺんの食感が
うれしいパスタ

「ちくわとねぎのしょうゆマヨパスタ」のちくわ2本→はんぺん1枚にする。はんぺんは2㎝角に切り、長ねぎと一緒に炒め合わせる。

あの料理をパスタで新感覚パスタ

普段はご飯で作っているかつ丼を
スパゲティにしてみたり、
しょうが焼きとスパゲティを
合体させてみたり……
驚きのアイデアパスタを紹介します！

ボリュームパスタ

かつ丼風パスタ

つゆでスパゲティを煮るから、
全体がかつ丼の味に！

材料（2人分）

スパゲティ（1.6㎜・**早ゆで3分タイプ**）……… 160g
とんかつ（市販）……… 2枚
玉ねぎ……… 1/3個
卵（割りほぐす）……… 2個
A
- 水……… 1と1/2カップ
- めんつゆ（2倍濃縮）……… 大さじ6～7
- オリーブオイル……… 大さじ1
- 砂糖……… 小さじ1

三つ葉……… 適量

1 とんかつは1.5㎝幅に切る。玉ねぎは薄切りにする。
2 深めのフライパンに**A**を入れて煮立たせ、玉ねぎ、半分に折ったスパゲティを加えて混ぜる。ふたをして中火でときどき混ぜながら表示時間より1分ほど短めに煮る（水分が少なくなったら、途中で水を足す）。
3 **2**の上にとんかつをのせて溶き卵を回しかけ、ふたをして1分ほど加熱する。器に盛り、2㎝長さに切った三つ葉をのせる。

フライパンに入るように、スパゲティは半分に折って使います。

かつ丼風パスタのアレンジ

えびかつ丼風パスタ

えび好きにはたまらない、えびかつを使ったパスタ

「かつ丼風パスタ」のとんかつ（市販）2枚→えびフライ（市販）4本にする。えびフライは2～3等分に切る。

おもてなしにも

ロコモコ風パスタ

間違いないおいしさのごちそうパスタです

材 料（2人分）

スパゲティ（1.6㎜）……… 200g
ハンバーグ（市販）、卵 ……… 各2個
アボカド ……… 1個
リーフレタス ……… 2枚
オリーブオイル ……… 大さじ2
A｜トマトケチャップ ……… 1/3カップ
　｜水 ……… 大さじ3
　｜ウスターソース ……… 大さじ1
　｜コンソメ（顆粒）……… 小さじ1/2
黒こしょう、マヨネーズ ……… 各適量

1 ハンバーグは表示どおりに温める。アボカドは 1.5㎝角に切る。レタスは食べやすくちぎる。
2 フライパンにオリーブオイル大さじ 1/2を熱し、卵を割り入れ、目玉焼きを作って、取り出す。フライパンに A を入れて一度煮立たせて、ソースをつくる。
3 スパゲティは表示時間どおりにゆでてザルに上げ、残りのオリーブオイルをまぶす。器にリーフレタスを敷き、スパゲティを盛り、ハンバーグ、2 のソース、アボカド、目玉焼きの順にのせ、黒こしょうをふり、マヨネーズをかける。

ソースがかかったハンバーグを使う場合は、ソースの量は調節してください。

すき焼き風パスタ

この味を知ったら、すき焼きの〆《しめ》はスパゲティにしたくなりそう

材料（2人分）
スパゲティ（1.6㎜）……… 200g
牛こま切れ肉……… 120g
長ねぎ……… 1/2本
春菊……… 1/3把（60g）
オリーブオイル……… 大さじ1
A ｜しょうゆ……… 大さじ2
　｜酒、みりん、砂糖……… 各大さじ1
　｜和風だし（顆粒）、
　｜　しょうが（すりおろし）
　｜　……… 各小さじ1/2
温泉卵……… 2個

1 長ねぎは5㎜幅の斜め薄切りにする。春菊は4～5㎝長さに切る。

2 フライパンにオリーブオイルを中火で熱し、牛肉、長ねぎを入れて炒め、Aを加えて一度煮立たせる。

3 スパゲティは表示時間どおりにゆで、ザルに上げる。2にスパゲティ、春菊を加えて30秒ほど炒め合わせる。器に盛り、温泉卵をのせる。

とろ～りとした温泉卵と一緒に食べると、よりすき焼き気分を味わえます。

ボリュームパスタ

しょうが焼き風パスタ

千切りキャベツをパスタに混ぜて食べてみて！

材料（2人分）

スパゲティ（1.6mm）……… 200g

豚肩ロース薄切り肉（しゃぶしゃぶ用）……… 150g

にんにく（みじん切り）……… 1片

オリーブオイル……… 大さじ1

A
- 酒、みりん……… 各大さじ2
- しょうゆ……… 大さじ1と1/2
- 砂糖、しょうが（すりおろし）……… 各小さじ1
- 和風だし（顆粒）……… 小さじ1/2

キャベツ（千切り）……… 適量

1 豚肉は4～5cm長さに切る。

2 フライパンにオリーブオイルを中火で熱し、1を入れて両面焼く。火がとおったらにんにく、Aを加えて煮からめる。

3 スパゲティは表示時間どおりにゆで、ザルに上げる。2に加えて30秒ほど炒め合わせる。器に盛り、キャベツを添える。

にんにく、しょうがのダブル使いがおいしさのポイント！

しょうが焼き風パスタのアレンジ

牛丼風パスタ

紅しょうがをのせると
より牛丼風に味わえます

「しょうが焼き風パスタ」の豚肩ロース薄切り肉150g→牛切り落とし肉150gにし、玉ねぎ1/3個を加える。玉ねぎは薄切りにし、牛肉と一緒に炒める。

ボリュームパスタ

ラーメン風パスタ

スパゲティなら歯ごたえがあって食べごたえあり！

材料（2人分）

スパゲティ（1.6㎜）……… 160g
長ねぎ……… 1/2本
ゆで卵……… 1個
わかめ（乾燥）……… 2g
焼き豚（薄切り）……… 4～6枚
メンマ……… 適量

A
水……… 3カップ
鶏がらスープの素（顆粒）、しょうゆ、
ごま油……… 各大さじ1
にんにく（すりおろし）……… 小さじ2/3
こしょう……… 少々

1 長ねぎは薄い小口切りにする。ゆで卵は半分に切る。

2 鍋に**A**を入れて煮立たせ、長ねぎ、わかめを加えて１分ほど煮る。

3 スパゲティは表示時間どおりにゆで、ザルに上げる。器に**2**を入れ、スパゲティを盛り、焼き豚、ゆで卵、メンマをのせる。

長ねぎは煮ずに、生のままあとからのせてもＯＫです。

ラーメン風パスタのアレンジ

野菜たっぷり
ラーメン風パスタ

野菜炒めを
スパゲティの上にのせます

「ラーメン風パスタ」にキャベツ（ざく切り）1～2枚、もやし1/2袋、豚こま切れ肉100gを加え、ゆで卵1個、焼き豚（薄切り）4～6枚、メンマ適量は入れない。フライパンに**A**のごま油を入れて中火で熱し、キャベツ、もやし、豚肉を炒め、スパゲティの上にのせる。**A**にごま油は入れない。

お弁当にも

お好み焼き風パスタ

イメージは焼きそばの入ったモダン焼き

材料（2人分）
スパゲティ（1.6㎜）……… 160g
豚バラ薄切り肉……… 120g
キャベツ……… 2枚（120g）
にんにく（みじん切り）……… 1片
卵（割りほぐす）……… 3個
塩、こしょう……… 各少々
オリーブオイル……… 大さじ1
お好み焼き用ソース、マヨネーズ、青のり、
　削り節、紅しょうが……… 各適量

1 豚肉は4㎝長さに切り、塩、こしょうをふる。キャベツは千切りにする。
2 直径22㎝ほどのフライパンにオリーブオイル、にんにくを入れて中火で炒め、豚肉を加えて炒め合わせる。火がとおったらキャベツを加えて1分ほど炒め合わせる。
3 スパゲティは表示時間どおりにゆで、ザルに上げる。2に加えてさっと炒め合わせる。溶き卵を回しかけてふたをし、弱火で2～3分焼く。卵が固まったら火を止め、へらで食べやすい大きさに切り分け、器に盛る。ソース、マヨネーズ、青のり、削り節をかけ、紅しょうがを添える。

餃子をひっくり返すように一度皿に取り出して戻し、裏面を焼いても。

お弁当にも

そぼろごはん風パスタ

しょうがの効いたそぼろパスタに、甘めの卵が合う！

材料（2人分）

スパゲティ（1.6㎜）……… 200g
鶏ひき肉……… 120g
A 卵……… 2個
　砂糖……… 小さじ1
　塩、こしょう……… 各少々
オリーブオイル……… 大さじ2
B しょうゆ、酒……… 各大さじ2
　砂糖……… 大さじ1
　和風だし（顆粒）、
　　しょうが（すりおろし）
　　……… 各小さじ1/2

1 **A**は混ぜ合わせる。フライパンにオリーブオイル大さじ1を中火で熱し、**A**を流し入れてさっと炒め、取り出す。

2 フライパンにひき肉、**B**を入れて混ぜ、中火で2～3分炒めて火をとおす。

3 スパゲティは表示時間どおりにゆで、ザルに上げる。**2**にスパゲティ、残りのオリーブオイルを加えて30秒ほど炒め合わせる。器に盛り、**1**をのせる。

全体を大きく混ぜて、ふんわりと固まってきたら火を止めて。

ボリュームパスタ

八宝菜風パスタ

野菜と肉たっぷり！
とろみあんがスパゲティによくからみます

材 料（2人分）
スパゲティ（1.6㎜）……… 160g
豚バラ薄切り肉……… 120g
白菜……… 1～2枚（150g）
にんじん……… 1/4本
しいたけ……… 1枚
にんにく（みじん切り）……… 1片
ごま油……… 大さじ2
A｜水……… 1/2カップ
｜しょうゆ……… 大さじ1
｜片栗粉……… 大さじ1/2（大さじ1の水で溶く）
｜砂糖……… 大さじ1/2
｜鶏がらスープの素（顆粒）……… 小さじ1
｜塩……… 小さじ1/4

1 豚肉は4㎝長さに切る。白菜は4㎝四方のざく切り、にんじんは短冊切り、しいたけは軸を除いて薄切りにする。
2 フライパンにごま油大さじ1を中火で熱し、1、にんにくを入れて炒める。混ぜ合わせたAを加えて煮立たせ、1分ほど混ぜながら煮てとろみをつける。
3 スパゲティは表示時間どおりにゆでてザルに上げ、残りのごま油をまぶす。器に盛り、2をかける。

片栗粉が入っているので、しっかり加熱してとろみをつけて。

ボリュームパスタ

長崎ちゃんぽん風パスタ

ちゃんぽん麺とスパゲティは同じような食感！

材 料（2人分）
スパゲティ（1.6㎜）……… 160g
豚バラ薄切り肉……… 150g
キャベツ……… 2枚（120g）
かまぼこ（5㎜厚さに切る）……… 4枚分
もやし……… 50g
にんにく（みじん切り）……… 1片
ごま油……… 大さじ1
A｜水……… 2カップ
｜鶏がらスープの素（顆粒）……… 大さじ1
｜オイスターソース……… 小さじ2
｜砂糖……… 小さじ1/2
｜塩、こしょう……… 各少々
牛乳……… 1/2カップ

1 豚肉は4㎝長さに切る。キャベツはざく切りにする。かまぼこは細長く切る。
2 鍋にごま油を中火で熱し、1、にんにく、もやしを入れて1分ほど炒める。Aを加えて一度煮立たせ、1～2分煮る。牛乳を加えて、火を止める。
3 スパゲティは表示時間どおりにゆで、ザルに上げる。2に加えて温める。

煮立たせると牛乳が分離してしまうので注意しましょう。

お弁当にも

ゴーヤチャンプルー風パスタ

ゴーヤの苦味が気分をシャキッとさせてくれそう

材 料 (2人分)

スパゲティ (1.6mm) ……… 200g
豚肩ロース薄切り肉 (しゃぶしゃぶ用) ……… 120g
ゴーヤ ……… 1/2本
卵 (割りほぐす) ……… 2個
塩 ……… 少々
ごま油 ……… 大さじ2
A しょうゆ ……… 大さじ1と1/2
　みりん ……… 大さじ1
　和風だし (顆粒) ……… 小さじ1/2
　しょうが (すりおろし) ……… 小さじ1/3
削り節 ……… 適量

1 豚肉は4～5cm長さに切る。ゴーヤは縦半分に切ってスプーンで種、わたを除いて5mm厚さに切り、塩でもんで5分おいてから塩を洗い流して水気をきる。
2 フライパンにごま油大さじ1を中火で熱し、溶き卵を流し入れてさっと炒め、取り出す。フライパンに残りのごま油、1を入れて3～4分炒める。
3 スパゲティは表示時間どおりにゆで、ザルに上げる。2にスパゲティ、Aを加えて炒め合わせ、卵も戻し入れ、30秒ほど炒め合わせる。器に盛り、削り節をかける。

ゴーヤの苦味が得意な場合は短め、苦手な場合は長めにおくといいです。

ピリ辛パスタ

サンラータン風パスタ

元気が出る！ すっぱ辛いスープパスタ

材 料 (2人分)

スパゲティ (1.6mm) ……… 160g
豚こま切れ肉 ……… 100g
しいたけ ……… 4枚
たけのこ (水煮) ……… 40g
卵 (割りほぐす) ……… 1個
ごま油 ……… 大さじ1
A 水 ……… 3カップ
　鶏がらスープの素 (顆粒) ……… 小さじ4
　酢 (あれば黒酢) ……… 大さじ2
　しょうゆ ……… 大さじ1
　しょうが (すりおろし) ……… 小さじ1
　こしょう ……… 少々
片栗粉 ……… 大さじ1 (大さじ1の水で溶く)
ラー油 ……… 適量

1 しいたけは軸を除いて5～8mm厚さに切る。たけのこは細切りにする。
2 鍋にごま油を中火で熱し、豚肉、1を入れて1分ほど炒め、Aを加えて煮立たせる。水溶き片栗粉を少しずつ加えて混ぜ、ほどよいとろみがついたら、溶き卵を回し入れる。ふんわりと卵が浮かんできたら、ひと混ぜする。
3 スパゲティは表示時間どおりにゆで、ザルに上げる。器に盛り、2、ラー油をかける。

片栗粉を入れると、卵が固まって浮くのできれいに仕上がります。

PART 2

お出かけ
パスタ

レトロな喫茶店の昔ながらのパスタや
モダンなカフェのおしゃれなパスタ、
海外の味・異国情緒あふれるパスタ。
おうちにいるのに、
ちょっとした外食気分を味わえます！

喫茶店＆
カフェ風パスタ

世界の味を楽しむ
エスニックパスタ

タイの味！

喫茶店＆カフェ風パスタ

オムレツのせナポリタンや
焼きカレーペンネなど昔なつかしのパスタから、
モダンなカフェの写真映えするパスタまで！

**オムレツのせ
ナポリタン**

作り方は P130

RETRO CAFÉ
喫茶店風

**ハッシュドビーフ
パスタグラタン**

作り方は P130

焼きカレーペンネ

作り方は P131

たらことしめじのパスタ

作り方は P131

ボリュームパスタ

オムレツのせナポリタン

ふわふわ & ほかほかのオムレツをトッピング

材 料（2人分）

スパゲティ（1.6㎜）……… 200g
鶏ひき肉……… 100g
玉ねぎ……… 1/3個
A 卵……… 3個
　牛乳……… 大さじ1
　塩、こしょう……… 各少々
オリーブオイル……… 大さじ3
B トマトケチャップ……… 大さじ5
　ウスターソース……… 大さじ1/2
　コンソメ（顆粒）……… 小さじ1/2
　こしょう……… 少々
粉チーズ……… 大さじ1
パセリ（みじん切り）……… 適量

1 玉ねぎは薄切りにする。**A**は混ぜ合わせる。
2 フライパンにオリーブオイル大さじ1/2を熱し、**A**を1/2量流し入れてオムレツを作る。もう1つも同様に作る。
3 フライパンに残りのオリーブオイルを熱し、玉ねぎ、ひき肉を入れて中火で3～4分炒める。**B**を加えて1分ほど炒め合わせる。
4 スパゲティは表示時間どおりにゆで、ザルに上げる。**3**にスパゲティ、粉チーズを加えて30秒ほど炒め合わせる。器に盛り、**2**をのせ、パセリを散らす。

卵液を入れたら手早く混ぜ、半熟状になったらすぐに折りたたむように形をととのえて。

オムレツのせナポリタンのアレンジ

チーズオムレツのせナポリタン
オムレツの中にチーズがとろ～り

「オムレツのせナポリタン」の**A**にピザ用チーズ30gを加える。

おもてなしにも

ハッシュドビーフパスタグラタン

デミグラスソースの濃厚な味わいはリッチなディナーに

材 料（2人分）

スパゲティ（1.6㎜）……… 160g
牛こま切れ肉……… 100g
マッシュルーム（白）……… 3個
玉ねぎ……… 1/3個
にんにく（みじん切り）……… 1片
塩、こしょう……… 各少々
オリーブオイル……… 大さじ1/2
A デミグラスソース缶……… 200g
　トマト水煮缶（カット）……… 1/2カップ
　赤ワイン……… 大さじ2
　ウスターソース……… 大さじ1
生クリーム……… 大さじ2
ピザ用チーズ……… 80～100g

1 牛肉は塩、こしょうをふる。マッシュルームは石づきを除いて5㎜厚さに切る。玉ねぎは薄切りにする。
2 フライパンにオリーブオイルを中火で熱し、にんにく、**1**を入れて3～4分炒める。**A**を加えて煮立たせ、弱火で5分ほど混ぜながら煮て、塩で味をととのえる。
3 スパゲティは半分に折って表示時間どおりにゆで、ザルに上げる。**2**に加えて混ぜ、耐熱容器に1/2量ずつ入れる。生クリームを回しかけ、チーズをのせる。オーブントースター（1000W）でチーズが溶けるまで4分ほど焼く。

半分に折ることで濃厚なソースがよくからみ、アツアツでも食べやすくなります。

クイックパスタ

焼きカレーペンネ

カレー×チーズ×半熟卵がベストマッチ！

材料（2人分）

ペンネ……120g
レトルトカレー……2パック
トマト……1個
ピザ用チーズ……80g
卵……2個
黒こしょう……適量

1 トマトは5mm厚さに切る。
2 ペンネは表示時間どおりにゆで、ザルに上げる。
3 2、カレーを混ぜて耐熱容器に1/2量ずつ入れ、1、チーズ、卵の順に1/2量ずつのせる。オーブントースター（1000 W）で卵が半熟状になるまで5～8分焼く。黒こしょうをふる。

レトルトカレーはどんな味でもＯＫ。種類を替えて作れば飽きずに楽しめます。

焼きカレーペンネのアレンジ

焼きシチューペンネ

ホワイトソース作りの手間いらず！

「焼きカレーペンネ」のレトルトカレー2パック→レトルトシチュー2パックにする。

和風パスタ

たらことしめじのパスタ

たらこのうま味にバターの風味を効かせて

材料（2人分）

スパゲティ（1.6mm）……200g
たらこ……60g
しめじ……80g
青じそ……6枚
にんにく（みじん切り）……1片
オリーブオイル……大さじ1
A しょうゆ……小さじ2
　和風だし（顆粒）……小さじ1/2
バター……10g

1 たらこは薄皮から中身を出してほぐす。しめじは根本を切り落としてほぐす。青じそは千切りにして水にさらし、水気をふく。
2 フライパンにオリーブオイル、にんにく、しめじを入れて中火で3分ほど炒める。
3 スパゲティは基本のゆで方P36の半量の塩を入れて表示時間どおりにゆで、ザルに上げる（ゆで汁大さじ4は取っておく）。2にスパゲティ、A、ゆで汁を加えて30秒ほど炒め合わせる。器に盛り、1、バターをのせる。

塩味のあるたらこを使うから、塩は半量でゆでるのがおすすめです。

和風パスタ

にんじん入り和風ミートソース

上からソースをかけて、昭和風の懐かしい仕上がりに

材料（2人分）

スパゲティ（1.6㎜）……… 200g
合いびき肉……… 200g
にんじん……… 1/4本
玉ねぎ……… 1/4個
にんにく（みじん切り）……… 1片
バター……… 10g

A
- トマト水煮缶（カット）……… 300g
- 水……… 1/4カップ
- 酒……… 大さじ2
- しょうゆ、砂糖……… 各小さじ1
- コンソメ（顆粒）……… 小さじ1/2
- 塩、こしょう……… 各少々

パセリ（みじん切り）、粉チーズ……… 各適量

1. にんじん、玉ねぎはみじん切りにする。
2. フライパンにひき肉を入れて中火で炒め、バター、にんにく、**1**を加えて3～4分炒め合わせる。**A**を加えて煮立たせ、ふたをして弱火でときどき混ぜながら10分ほど煮る。
3. スパゲティは表示時間どおりにゆで、ザルに上げる。器に盛り、**2**をかけ、パセリを散らし、粉チーズをふる。

出てきた脂が気になる場合は、ペーパータオルなどでふき取りましょう。

にんじん入り和風ミートソースのアレンジ

刻みきのことにんじん入り和風ミートソース

きのこを加えてより香りよくヘルシーに

「にんじん入り和風ミートソース」にしいたけ2枚を加える。しいたけはみじん切りにして、にんじん、玉ねぎと一緒に炒め合わせる。

ボリュームパスタ

名古屋風あんかけパスタ

名古屋で人気のご当地グルメをおうちで再現！

材料（2人分）

スパゲティ（1.9㎜）……… 200g
赤ウィンナー……… 6本
玉ねぎ……… 1/3個
ピーマン……… 2個
オリーブオイル……… 大さじ1
塩、こしょう……… 各少々

A
- 水……… 1カップ
- トマトケチャップ……… 1/4カップ
- ウスターソース……… 大さじ1
- 片栗粉……… 小さじ2（大さじ1の水で溶く）
- 砂糖、コンソメ（顆粒）……… 各小さじ2/3
- こしょう……… 少々
- タバスコ……… 適量

1. ウィンナーは斜め切り、玉ねぎは薄切りにする。ピーマンは8㎜幅に切る。
2. フライパンにオリーブオイルを中火で熱し、**1**を入れて中火で4～5分炒めて、塩、こしょうで味をととのえて、取り出す。
3. **2**のフライパンに**A**を入れて中火で煮立たせ、混ぜながらとろみをつける。
4. スパゲティは基本のゆで方 P36 の半量の塩を入れて表示時間どおりにゆで、ザルに上げる。器に盛り、**2**をのせ、**3**をかける。

あらかじめ調味料と水溶き片栗粉を混ぜ合わせておくと、とろみが均一になります。

MODERN CAFÉ

カフェ風

サラダパスタボウル

作り方は P136

アボカドと厚切りベーコンのパスタ

作り方は P136

和風
温玉混ぜパスタ

作り方は **P137**

アボカドの
豆乳クリームパスタ

作り方は **P137**

クイックパスタ

サラダパスタボウル

小さくカットした野菜と合わせて、チョップドサラダ風に

材料（2人分）

フジッリ……150g
サラダチキン、リーフレタス……各1枚
紫玉ねぎ……1/6個
ミックスビーンズ（水煮）……100g
A
　オリーブオイル……大さじ3
　酢……大さじ1と1/2
　レモン汁、フレンチマスタード……各小さじ1
　砂糖……小さじ1/4
　塩、黒こしょう……各少々
マヨネーズ、パプリカパウダー、ナッツ（刻む）……各適量

1 サラダチキンは1.5～2㎝四方、レタスは2～3㎝四方に切る。玉ねぎはみじん切りにして水に10分さらし水気をしっかりきる。

2 フジッリは表示時間どおりにゆで、ザルに上げる。冷水で冷やし、水気をきる。

3 ボウルに1、2、ミックスビーンズ、Aを入れて混ぜ、器に盛る。マヨネーズをかけ、ナッツをのせ、パプリカパウダーをかける。

ほかにもほぐしたカッテージチーズや小さくちぎったモッツァレラチーズをプラスしても。

サラダパスタボウルのアレンジ

ツナ入りサラダパスタボウル

ツナはフレークではなく
食べごたえのある固形タイプを使って

「サラダパスタボウル」のサラダチキン1枚→ツナ缶（固形タイプ・水煮）150gにする。ツナは軽くほぐす。

ボリュームパスタ

アボカドと厚切りベーコンのパスタ

仕上げにレモン風味を効かせて、さわやかな味わいに

材料（2人分）

スパゲティ（1.6㎜）……200g
ブロックベーコン……90g
アボカド……1個
にんにく（みじん切り）……2片
オリーブオイル……大さじ3
赤唐辛子（輪切り）……ひとつまみ
塩、黒こしょう……各適量
レモンの皮（国産・すりおろし）……少々

1 ベーコンは1㎝角の棒状に切る。アボカドは8等分のくし形に切り、長さを半分に切る。

2 フライパンにオリーブオイルを中火で熱し、ベーコンを入れて焼く。焼き色がついたらにんにく、赤唐辛子、アボカドを加えて1～2分炒める。

3 スパゲティは表示時間どおりにゆで、ザルに上げる（ゆで汁大さじ3は取っておく）。2にスパゲティ、ゆで汁を加えて30秒ほど炒め合わせ、塩で味をととのえる。器に盛り、レモンの皮を散らし、黒こしょうをふる。

ベーコンはブロックを使って。大きな具材を使うことで、ごちそう感が出ます。

和風パスタ

和風温玉混ぜパスタ

とろ〜り温泉卵を混ぜながらいただく幸せ♡

材料（2人分）

スパゲティ（1.6㎜）……… 200g
しらす干し……… 50g
万能ねぎ……… 1/2束
みょうが、温泉卵……… 各2個
揚げ玉……… 15g
A｜めんつゆ（2倍濃縮）……… 大さじ4
　｜オリーブオイル……… 大さじ2
　｜水……… 大さじ1

1 万能ねぎは小口切りにする。みょうがは薄い小口切りにして、水にさっとさらして水気をしぼる。
2 スパゲティは表示時間どおりにゆで、ザルに上げる。器に盛り、しらす、1、揚げ玉、温泉卵をのせ、混ぜ合わせたAをかける。

めんつゆを使うことで、簡単に味が決まります。冷たくして食べるのも◎。

和風温玉混ぜパスタのアレンジ

桜えび入り和風温玉混ぜパスタ
カリカリの食感 & 磯の風味をプラス

「和風温玉混ぜパスタ」のしらす干し 50g →桜えび（乾燥）8g にする。

シンプルパスタ

アボカドの豆乳クリームパスタ

アボカドのきれいなグリーンが食欲をそそります

材料（2人分）

スパゲティ（1.6㎜）……… 200g
アボカド……… 1個
ツナ缶（油漬け）……… 70g
オリーブオイル……… 大さじ1
A｜無調整豆乳……… 300㎖
　｜コンソメ（顆粒）……… 小さじ1
　｜塩、こしょう……… 各少々
黒こしょう……… 適量

1 アボカドは2㎝角に切る。ツナは缶汁をきる。
2 フライパンにオリーブオイルを中火で熱し、アボカド、Aを入れて火を止め、アボカドをへらで軽くつぶす。
3 スパゲティは表示時間どおりにゆで、ザルに上げる。2にスパゲティ、ツナを加えて中火で30秒ほど温める。器に盛り、黒こしょうをふる。

加熱しすぎると豆乳が分離してしまうので、さっと温める程度にしましょう。

えびとアボカド入りジェノベーゼ

作り方は **P140**

グリルチキンと野菜のシーザーサラダ風パスタ

作り方は **P140**

なすとパストラミハムとモッツァレラチーズのトマトパスタ

作り方は P141

コブサラダ風パスタ

作り方は P141

おもてなしにも

えびとアボカド入りジェノベーゼ

市販のペーストを活用して、見た目も味もおしゃれに

材料（2人分）

スパゲティ（1.6㎜）……… 200g
むきえび ……… 150g
アボカド ……… 1個
にんにく（みじん切り）……… 1片
塩 ……… 適量
オリーブオイル ……… 大さじ1
ジェノベーゼペースト（市販）
……… 大さじ3

1 えびは背わたを除き、塩でもんで水で洗い、水気をふく。アボカドは2～3㎝角に切る。
2 フライパンにオリーブオイルを中火で熱し、えび、にんにくを入れて2～3分炒める。アボカドを加えてさっと炒め合わせ、ジェノベーゼペーストを加える。
3 スパゲティは表示時間どおりにゆで、ザルに上げる（ゆで汁大さじ4は取っておく）。**2**にスパゲティ、ゆで汁を加えて30秒ほど炒め合わせる。

ペーストはお使いのものによって味が違うので、少量から加えて味をみてください。

えびとアボカド入りジェノベーゼのアレンジ

シーフードミックスとアボカド入りジェノベーゼ

お手軽＆海の幸たっぷりに

「えびとアボカド入りジェノベーゼ」のむきえび150g→冷凍シーフードミックス150gにする。シーフードミックスは解凍しておき、にんにくと一緒に炒める。

ボリュームパスタ

グリルチキンと野菜のシーザーサラダ風パスタ

パリパリに焼いたチキンをのせて、ひと皿でおなかも心も満足！

材料（2人分）

スパゲティ（1.6㎜）……… 200g
鶏もも肉 ……… 1枚（250g）
ミニトマト ……… 6個
ベビーリーフ ……… 1パック（45g）
塩、黒こしょう、粉チーズ、
パプリカパウダー ……… 各適量
オリーブオイル ……… 大さじ1
A 玉ねぎ（すりおろし）、粉チーズ、
マヨネーズ、酢、オリーブオイル
……… 各大さじ1
アンチョビペースト ……… 小さじ1
にんにく（すりおろし）……… 小さじ1/4
塩、黒こしょう ……… 各少々

1 鶏肉は余分な皮、脂を除き、厚みを均一に開いて塩、黒こしょうを強めにふる。ミニトマトはへたを取り、半分に切る。ベビーリーフは冷水にさらして水気をきる。
2 フライパンにオリーブオイル、皮目を下にした鶏肉を入れて、ふたをして中火で4～5分焼く。焼き色がついたら裏返して、さらに4分ほど焼く。取り出して食べやすい大きさに切る。
3 スパゲティは表示時間どおりにゆで、ザルに上げる。器にベビーリーフを敷き、スパゲティ、ミニトマトをのせ、混ぜ合わせた**A**をかけ、**2**をのせる。粉チーズ、黒こしょう、パプリカパウダーをふる。

フライパンが冷たい状態から焼き始めることで、鶏肉が焦げつきにくくなります。

おつまみにも

なすとパストラミハムとモッツァレラチーズのトマトパスタ

定番のトマトパスタにぜいたくトッピング。ワインがすすみます

トマトソースがからみやすいタリアテッレを使用。普通のスパゲティで作っても。

材料（2人分）

タリアテッレ……200g
なす……2本
パストラミハム（薄切り）……6枚
モッツァレラチーズ（小さめのもの）……12個
にんにく（みじん切り）……1片
オリーブオイル……大さじ2
A トマト水煮缶（ホール）……300g
　白ワイン……大さじ2
　コンソメ（顆粒）……小さじ1/2

1 なすは8㎜厚さの輪切りにする。
2 フライパンにオリーブオイルを中火で熱し、1、にんにくを入れて、途中でなすの上下を返しながら3～4分焼く。Aを加えて、トマトをつぶしながら4～5分煮る。
3 タリアテッレは表示時間どおりにゆで、ザルに上げる（ゆで汁大さじ3は取っておく）。2にタリアテッレ、ゆで汁を加えて30秒ほど炒め合わせる。器に盛り、チーズ、食べやすい大きさに切ったハムをのせる。

なすとパストラミハムとモッツァレラチーズのトマトパスタのアレンジ

冷凍揚げなすとパストラミハムとモッツァレラチーズのトマトパスタ

冷凍揚げなすは火がとおりやすく時短に！

「なすとパストラミハムとモッツァレラチーズのトマトパスタ」のなす2本→冷凍揚げなす（市販）60～70gにする。フライパンにオリーブオイルを中火で熱し、にんにくを入れて炒める。香りが立ってきたらAを加えて一度煮立たせ、凍ったままのなすを加える。

おもてなしにも

コブサラダ風パスタ

カラフルな具材を並べて、見た目も楽しく！

材料（2人分）

ファルファッレ……150g
サラダチキン……1枚
トマト、アボカド……各1個
紫玉ねぎ……1/4個
サラダ菜……4枚
ホールコーン、キドニービーンズ（水煮）……各60g
A マヨネーズ……大さじ2
　オリーブオイル、酢……各大さじ1
　トマトケチャップ……小さじ1
　チリパウダー……小さじ1/2
　塩……小さじ1/3
　黒こしょう……少々

1 サラダチキン、トマト、アボカドは1.5㎝角に切る。玉ねぎはみじん切りにして水に10分さらし、水気をしっかりきる。
2 ファルファッレは表示時間どおりにゆで、ザルに上げる。器にサラダ菜を敷き、1、ファルファッレ、コーン、キドニービーンズを盛り、混ぜ合わせたAをかける。

ファルファッレ以外にも、ペンネ、フジッリなど好みのショートパスタを使って。

世界の味を楽しむ
エスニックパスタ

タイや韓国、中国、ベトナム、
インド、台湾……。
旅先で出合うような
おいしいパスタをぜひ！

おもてなしにも

パクチーとえびのナンプラーパスタ

タイ

パクチー好きの方なら、この香りはテンション上がる！

材料（2人分）

スパゲティ（1.6㎜）……… 200g
むきえび……… 150g
セロリ……… 1本
パクチー……… 1～2株
にんにく（みじん切り）……… 1片
塩……… 適量
オリーブオイル、ナンプラー
……… 各大さじ2
ライム（くし形切り）……… 1/2個

1 えびは背わたを除き、塩でもんで水で洗い、水気をふく。セロリは斜め薄切りにする。パクチーは2㎝長さに切り、トッピング用を少し分けておく。
2 フライパンにオリーブオイルを中火で熱し、えびを入れて2分ほど炒め、にんにく、セロリを加えて1～2分炒め合わせる。
3 スパゲティは表示時間どおりにゆで、ザルに上げる。2にスパゲティ、パクチー、ナンプラーを加えて30秒ほど炒め合わせる。器に盛り、トッピング用のパクチーをのせ、ライムを添える。

葉の部分も入れる場合は3㎝長さに切って、スパゲティと一緒に加えてください。

パクチーとえびのナンプラーパスタのアレンジ

パクチーと豚肉のナンプラーパスタ

豚バラの脂もおいしい調味料に

「パクチーとえびのナンプラーパスタ」のむきえび150g→豚バラ薄切り肉120gにし、こしょう適量を加える。豚肉は4㎝長さに切り、塩、こしょうをふる。

ボリュームパスタ

鶏肉とバジルのガパオ風パスタ

タイ

おなじみのガパオがパスタに。バジルはたっぷりがおすすめ！

材料（2人分）
スパゲティ（1.6㎜）……… 200g
鶏ひき肉 ……… 150g
玉ねぎ ……… 1/4個
ピーマン ……… 2個
バジル ……… 1枝
にんにく（みじん切り）……… 1片
オリーブオイル ……… 大さじ2
A ｜ナンプラー ……… 大さじ1
　｜オイスターソース ……… 小さじ2
　｜豆板醤 ……… 小さじ1/4
目玉焼き、ピーナッツ（砕く）
　……… 各適量

1 玉ねぎは1㎝四方、ピーマンは1.5㎝四方に切る。バジルは葉を摘む。
2 フライパンにオリーブオイルを中火で熱し、にんにく、ひき肉、玉ねぎを入れて炒める。火がとおってきたらピーマンを加えて1分ほど炒め合わせ、Aを加えて混ぜる。
3 スパゲティは表示時間どおりにゆで、ザルに上げる。2に加えて30秒ほど炒め合わせ、バジルを加えてひと混ぜする。器に盛り、目玉焼き、ピーナッツをのせる。

香りが飛んでしまうので、バジルは必ず最後に入れてください。

お弁当にも

えびともやしのパッタイ風パスタ

タイ

タイの屋台で食べるように、お昼ごはんに気軽に食べたい！

材料（2人分）
スパゲティ（1.6㎜）……… 160g
むきえび、厚揚げ ……… 各80g
にら ……… 1把
もやし ……… 1袋
卵（割りほぐす）……… 2個
塩、一味唐辛子 ……… 各適量
オリーブオイル ……… 大さじ2
A ｜ナンプラー、酢、砂糖
　｜　……… 各大さじ1と1/2
　｜オイスターソース ……… 大さじ1

1 えびは背わたを除き、塩をふって軽くもんで洗い流し、水気をしっかりふく。厚揚げは1.5㎝角、にらは4～5㎝長さに切る。
2 フライパンにオリーブオイル大さじ1を中火で熱し、溶き卵を流し入れて大きくかき混ぜて炒め、取り出す。残りのオリーブオイル、えびを入れて2分ほど炒め、厚揚げを加えて炒め合わせる。
3 スパゲティは表示時間どおりにゆで、ザルに上げる。2にスパゲティ、にら、もやし、Aを加えて30秒ほど炒め合わせ、卵を加えて軽く混ぜる。

卵はパラパラにしないで、大きめに作ったほうが食べごたえもあっておいしいです。

クイックパスタ

キムチ冷麺風パスタ

韓国

麺をスパゲティにすれば
家にある材料でいつでもできちゃう

材料（2人分）

スパゲティ（1.6㎜）……… 200g
きゅうり……… 1/2本
焼き豚（薄切り）……… 4枚
ゆで卵……… 1個
白菜キムチ……… 50 ～ 60g
A｜水……… 2カップ
　｜白菜キムチの汁、酢……… 各大さじ2
　｜鶏がらスープの素（顆粒）
　｜　……… 大さじ1と1/3
　｜砂糖……… 小さじ1と1/2
　｜和風だし（顆粒）……… 小さじ1
　｜ごま油……… 小さじ2/3
糸唐辛子……… 適量

1 きゅうりは斜め薄切りにする。焼き豚は大きければ半分、ゆで卵は縦半分に切る。
2 スパゲティは表示時間どおりにゆで、ザルに上げる。器に盛り、混ぜ合わせたAをかけ、1、キムチ、糸唐辛子をのせる。

辛味の少ない唐辛子を糸状に切ったもの。料理の見た目を華やかにしてくれます。

おもてなしにも

チーズダッカルビ風パスタ

韓国

家飲み女子会のメインはこれで決まり！

材料（2人分）

スパゲティ（1.6㎜）……… 200g
鶏もも肉……… 1/2枚（150g）
キャベツ……… 2枚（150g）
にんじん……… 1/4本
玉ねぎ……… 1/4個
にんにく（みじん切り）……… 1片
塩、こしょう……… 各少々
ごま油……… 大さじ2
A　コチュジャン……… 大さじ1と1/2
　しょうゆ……… 大さじ1
　一味唐辛子……… 少々
ピザ用チーズ……… 80g

1 鶏肉は皮、脂を除いて3㎝角に切り、塩、こしょうをふる。キャベツはざく切り、にんじんは短冊切り、玉ねぎは薄切りにする。
2 フライパンにごま油を中火で熱し、鶏肉を入れて3～4分炒める。にんにく、キャベツ、にんじん、玉ねぎを加えて炒め合わせて火をとおし、Aを加えて混ぜる。
3 スパゲティは表示時間どおりにゆで、ザルに上げる。2に加えて30秒ほど炒め合わせる。器に盛り、熱いうちにチーズをのせる。

チーズが溶けない場合は、電子レンジで10秒ほど加熱してください。

ピリ辛パスタ

あさりと豚肉と豆腐のチゲ風パスタ

韓国

ぽかぽか温まる、身体に沁みる味

材料（2人分）

スパゲティ（1.6㎜）……… 200g
あさり（砂抜き済み）……… 100g
豚肩ロース薄切り肉（しゃぶしゃぶ用）……… 80g
豆腐……… 150g
長ねぎ……… 1/3本
ごま油……… 大さじ1
A　水……… 2カップ
　白菜キムチ……… 60g
　コチュジャン……… 大さじ2
　鶏がらスープの素（顆粒）……… 小さじ2
　しょうゆ、にんにく（すりおろし）……… 各小さじ1/2

1 あさりはこすり合わせてよく洗い、ザルに上げて水気をきる。豚肉は4㎝長さ、豆腐は6等分に切る。長ねぎは斜め薄切りにする。
2 鍋にごま油を中火で熱し、豚肉、長ねぎを入れて1～2分炒め、A、あさり、豆腐を加えて一度煮立たせ、あさりの口が開くまで加熱する。
3 スパゲティは基本のゆで方P36の半量の塩を入れて表示時間どおりにゆで、ザルに上げる。器に盛り、2をかける。

豆腐は絹ごしでも木綿でもOK。好みで選んでください。

ピリ辛パスタ

黒ごま担々麺風パスタ

中国

スパゲティのもっちり食感がしっかり味のスープによく合う！

材料（2人分）

スパゲティ（1.6㎜）……… 200g
豚ひき肉……… 200g
長ねぎ……… 1/2本
にんにく（みじん切り）……… 1片
ごま油……… 大さじ2
A
水……… 2カップ
黒すりごま……… 大さじ4
テンメンジャン……… 大さじ2と1/2
しょうゆ……… 大さじ2
砂糖、酢……… 各大さじ1
鶏がらスープの素（顆粒）……… 小さじ2
ラー油……… 小さじ1
白髪ねぎ、ホワジャオ、ラー油……… 各適量

1 長ねぎはみじん切りにする。
2 フライパンにごま油を中火で熱し、**1**、にんにく、ひき肉を入れて3～4分炒め、火がとおったら**A**を加えて煮立たせ、1分ほど煮る。
3 スパゲティは表示時間どおりにゆで、ザルに上げる。器に盛り、**2**をかける。白髪ねぎをのせ、ホワジャオ、ラー油をかける。

Aの黒すりごまがない場合は白すりごまでも。練りごまを使う場合は大さじ2で。

おつまみにも

牡蠣とほうれん草の オイスターソースパスタ

中国

相性抜群な牡蠣とほうれん草を中華料理風に

材 料（2人分）

スパゲティ（1.6㎜）……… 200g
牡蠣（むき身・加熱用）……… 8個
ほうれん草 ……… 1/2把（100g）
にんにく（みじん切り）……… 1片
ごま油 ……… 大さじ2

A
- オイスターソース ……… 大さじ1と1/2
- 酒 ……… 大さじ1
- 鶏がらスープの素（顆粒）……… 小さじ1/3
- 赤唐辛子（輪切り）……… ひとつまみ
- こしょう ……… 少々

1 牡蠣は洗って水気をふく。ほうれん草は4㎝長さに切る。

2 フライパンにごま油を中火で熱し、牡蠣を並べて何度か上下を返しながら両面に焼き色がつくまで焼いて火をとおす。途中でにんにくを加えて炒め合わせる。**A**を加えて1分ほど炒め合わせ、ほうれん草を加えてさっと混ぜる。

3 スパゲティは表示時間どおりにゆで、ザルに上げる。**2**に加えて30秒ほど炒め合わせる。

ほうれん草はスパゲティを加えてからも炒めるので、ここではさっとでOK。

牡蠣とほうれん草のオイスターソースパスタのアレンジ

牡蠣と春菊の オイスターソースパスタ

春菊のほろ苦さがアクセントに

「牡蠣とほうれん草のオイスターソースパスタ」のほうれん草1/2把（100g）→春菊1/2把（100g）にする。春菊は4㎝長さに切る。

おもてなしにも

豚肉ともやしのバインセオ風パスタ

ベトナム

薄焼き卵を崩して、全体を豪快に混ぜて召し上がれ

材料（2人分）

スパゲティ（1.6㎜）……… 200g
豚バラ薄切り肉……… 160g
にんじん……… 1/5本
もやし……… 1/2袋
えごまの葉、ミントの葉、パクチー
……… 各適量
にんにく（みじん切り）……… 1片
A｜卵……… 3個
｜塩、こしょう……… 各少々
B｜ナンプラー、酢……… 各大さじ2
｜赤唐辛子（輪切り）……… ふたつまみ
オリーブオイル……… 大さじ1と1/2
塩、こしょう……… 各少々

1 豚肉は4cm長さに切る。にんじんは細い千切りにして**B**と混ぜ、なますを作る。えごまの葉はちぎり、ミントの葉は食べやすい大きさに分ける。パクチーは2cm長さに切る。

2 フライパンにオリーブオイル大さじ1/2を中火で熱し、混ぜ合わせた**A**を半量流し入れて薄焼き卵を作る。もう一枚も同様に作り、取り出しておく。

3 **2**のフライパンに残りのオリーブオイル、にんにく、豚肉を入れて3分ほど炒め、豚肉に火がとおったらもやしを加えてさっと炒め合わせ、塩、こしょうをふる。

4 スパゲティは表示時間どおりにゆで、ザルに上げる。**3**に加えて30秒ほど炒め合わせる。器に**2**、スパゲティを盛り、えごまの葉、ミントの葉、パクチーを添え、なますをのせる。

別の器に入れて添え、のせながら食べてもおいしいです。

シンプルパスタ

鶏肉ともやしのフォー風パスタ

ベトナム

あっさりやさしい味が、身体にもおいしい

材料（2人分）
スパゲティ（1.6㎜）……… 200g
鶏ささみ……… 3本
紫玉ねぎ、ライム（くし形切り）
……… 各1/4個
もやし……… 1/2袋
パクチー……… 1株
A
水……… 4カップ
酒、ナンプラー……… 各大さじ1
鶏がらスープの素（顆粒）
……… 小さじ2

1 ささみは筋を除いて、斜め3～4等分のそぎ切りにする。玉ねぎは繊維に垂直に薄く切り、水に5分さらして水気をきる。パクチーは2㎝長さに切る。

2 鍋にAを入れて煮立たせ、ささみを加えて2～3分煮る。ささみに火がとおったらもやしを加えて1分ほど煮る。

3 スパゲティは表示時間どおりにゆで、ザルに上げる。器に盛り、2をかけ、玉ねぎ、パクチーをのせ、ライムを添える。

ライムはたっぷりしぼるのがおすすめ。本格的な味に仕上がります。

鶏肉ともやしのフォー風パスタのアレンジ

サラダチキンともやしのフォー風パスタ

サラダチキンの袋に入った汁も余さず使って

「鶏肉ともやしのフォー風パスタ」の鶏ささみ3本→サラダチキン1パックにする。サラダチキンは薄く切って、もやしを煮たあとに加える（サラダチキンの袋に入った汁も一緒に）。

ボリュームパスタ

バターチキンカレー風パスタ

インド

ヨーグルトが効いた、さわやかバターチキンカレー

材 料（2人分）

スパゲティ（1.6mm）……… 200g

鶏もも肉……… 小1枚（200g）

玉ねぎ……… 小1個（150g）

A
- トマト水煮缶（ホール）……… 1/3カップ（70g）
- プレーンヨーグルト、水……… 各1/4カップ
- 生クリーム……… 大さじ2
- バター……… 25g
- カレー粉……… 大さじ1と1/2
- 白すりごま……… 小さじ2
- 塩……… 小さじ2/3
- しょうが（すりおろし）、にんにく（すりおろし）……… 各小さじ1/2

1 鶏肉は皮、脂を除いて、3cm角に切る。玉ねぎは薄切りにする。

2 鍋に**1**、**A**を入れて中火にかけ、煮立ったら弱火にし、ふたをしてときどき混ぜながら10～15分煮る。

3 スパゲティは表示時間どおりにゆで、ザルに上げる。器に盛り、**2**をかける。

味は本格的なのに、材料をすべて鍋に入れて煮るだけだから簡単！

バターチキンカレー風パスタのアレンジ

焼きバターチキンカレー風ペンネ

焼きペンネにアレンジしてもおいしい

「バターチキンカレー風パスタ」のスパゲティ（1.6mm）200g→ペンネ150gにし、ピザ用チーズ80gを加える。耐熱容器にゆでたペンネ、バターチキンカレーを入れ、チーズをのせてオーブントースター（1000W）で焼き色がつくまで5～8分焼く。

ボリュームパスタ

ひき肉のクミン風味パスタ

インド

細かく崩さない肉団子風のひき肉でボリュームアップ！

材料（2人分）

スパゲティ（1.6㎜）……… 200g
豚ひき肉（または合いびき肉）……… 200g
さやいんげん ……… 8本
にんにく（みじん切り）……… 2片
オリーブオイル ……… 大さじ2
塩、黒こしょう ……… 各適量
A | クミンパウダー、コンソメ（顆粒）……… 各小さじ1/2
塩、黒こしょう ……… 各適量

1 さやいんげんは4等分に切る。
2 フライパンにオリーブオイル、ひき肉、1を入れて中火で4～5分炒める（ひき肉は上下を返しながら少しかたまりが残るように）。火がとおったらにんにくを加えて炒め合わせ、塩、黒こしょうをふる。
3 スパゲティは表示時間どおりにゆで、ザルに上げる（ゆで汁大さじ4は取っておく）。2にスパゲティ、A、ゆで汁を加えて水分を調節し、30秒ほど炒め合わせる。

へらで押しつけるようにしながら焼くと、かたまりになりやすいです。

ひき肉のクミン風味パスタのアレンジ

**ヨーグルトソースがけ
ひき肉のクミン風味パスタ**

ヨーグルトソースでさわやかに味変

「ひき肉のクミン風味パスタ」にトマト（粗みじん切り）1/2個、玉ねぎ（みじん切り）大さじ2、プレーンヨーグルト1/4カップ、塩、こしょう各少々でヨーグルトソースを作ってかけ、チリパウダー適量をふる。

お弁当にも

鶏肉とフライドオニオンのジーロー飯風パスタ

鶏肉を使ったさっぱりめの
台湾のローカルフードをパスタで！

材料（2人分）

スパゲティ（1.6㎜）……… 200g
鶏胸肉……… 1/2枚（150g）
フライドオニオン、パクチー……… 各適量
酒……… 大さじ1
塩、こしょう……… 各少々
A しょうが（千切り）……… 1/2片
　しょうゆ……… 大さじ1と1/2
　きび砂糖……… 大さじ1
　酒……… 大さじ1/2

1 鶏肉は皮を取り、耐熱容器にのせ、酒、塩、こしょうの順にふる。ふんわりとラップをかけ、電子レンジ（600 W）で約3分加熱して火をとおす。粗熱が取れたら手で細かく裂く。
2 パクチーは2㎝長さに切る。
3 スパゲティは表示時間どおりにゆで、ザルに上げる。器に盛り、1、フライドオニオン、2をのせ、混ぜ合わせたAをかける。

酒をまぶしてレンジ加熱することで酒蒸し状態に。鶏肉が驚くほどしっとり。

ボリュームパスタ

豚肉の五香粉《ウーシャンフェン》風味パスタ

台湾旅行の気分が味わえる本場ルーロー飯味

材料（2人分）

スパゲティ（1.6㎜）……… 200g
豚肩ロース薄切り肉（しゃぶしゃぶ用）
　……… 160g
玉ねぎ……… 1/3個
ゆで卵……… 2個
A 水……… 1/4カップ
　酒……… 大さじ2
　しょうゆ……… 大さじ1
　砂糖……… 小さじ2
　オイスターソース……… 大さじ1/2
　にんにく（すりおろし）……… 小さじ1/4
　五香粉……… 少々

1 豚肉は3㎝長さ、玉ねぎは1㎝四方、ゆで卵は縦半分に切る。
2 鍋に豚肉、玉ねぎ、Aを入れて中火にかけ、煮立ったら弱火にしてふたをし、玉ねぎがやわらかくなるまで5分ほど煮る。
3 スパゲティは表示時間どおりにゆで、ザルに上げる。2に加えて30秒ほど炒め合わせる。器に盛り、ゆで卵を添える。

汁気が半分程度になるまで煮ると、玉ねぎがやわらかくなります。

豚肉の五香粉風味パスタのアレンジ

豚肉の山椒風味パスタ

五香粉がなければ粉山椒でもOK

「豚肉の五香粉風味パスタ」のAの五香粉少々→粉山椒少々にする。

おつまみにも

サルサ風パスタ

夏の日差しを感じながら食べたい
ひんやり & さっぱりパスタ

材 料（2人分）

スパゲティ（1.6㎜）……… 200g
玉ねぎ……… 1/4個
トマト……… 1と1/2個
ピーマン、アボカド……… 各1個
A
- にんにく（すりおろし）……… 1/3片
- オリーブオイル……… 大さじ2
- レモン汁……… 小さじ2
- 塩……… 小さじ1/3～1/2
- 黒こしょう……… 少々
- タバスコ……… 適量

1 玉ねぎ、トマト、ピーマン、アボカドは粗く刻み、**A**と混ぜ合わせる。
2 スパゲティは表示時間どおりにゆで、ザルに上げる。冷水で冷やし、水気をきる。
3 器に**2**を盛り、**1**をかける。

タバスコは好みで加えてください。ハラペーニョソースでも。

サルサ風パスタの
アレンジ

パクチー入りサルサ風パスタ

パクチー& ライムでよりエスニックな味わいに

「サルサ風パスタ」の**A**のレモン汁小さじ2→ライム汁小さじ2にし、パクチー（刻む）1株を加える。

ボリュームパスタ

チリビーンズのミートソース

メキシコ風のアメリカ料理。
チリビーンズをたっぷりかけて

材 料（2人分）

スパゲティ（1.6㎜）……… 200g
合いびき肉……… 160g
玉ねぎ……… 1/4個
キドニービーンズ（水煮）……… 100g
にんにく（みじん切り）……… 1片
A
- トマト水煮缶（ホール）……… 300g
- チリパウダー、砂糖、塩……… 各小さじ1/2

オリーブオイル……… 大さじ2
パセリ（みじん切り）……… 適量

1 玉ねぎはみじん切りにする。
2 フライパンにオリーブオイル、ひき肉、**1**、にんにくを入れて中火で炒める。ひき肉の色が変わってきたらキドニービーンズ、**A**を加えてトマトをへらでつぶしながら一度煮立たせ、弱火で5分ほど時々混ぜながら煮る。
3 スパゲティは表示時間どおりにゆで、ザルに上げる。**2**に加えて30秒ほど炒め合わせる。器に盛り、パセリを散らす。

キドニービーンズがたっぷり入っているので、食物繊維も豊富です。

チリビーンズのミートソースの
アレンジ

辛くないチリビーンズのミートソース

子どもでも食べやすい味に

「チリビーンズのミートソース」の**A**のチリパウダー小さじ1/2→パプリカパウダー小さじ1/2にする。

おもてなしにも

ビーツとトマトの赤いパスタ

“食べる点滴”といわれる
栄養豊富なビーツを使用

材 料（2人分）

スパゲティ（1.6㎜）……… 200g
牛ひき肉……… 120g
ビーツ（水煮）……… 100g
トマト……… 2個（300g）
クリームチーズ……… 50g
にんにく（みじん切り）……… 1片
オリーブオイル……… 大さじ2
塩……… 小さじ1/2
黒こしょう、ディル……… 各適量

1 ビーツは8㎜厚さに切り、細長く切る（汁があれば取っておく）。トマトは2cm角、クリームチーズは1cm角に切る。

2 フライパンにオリーブオイル、ひき肉、にんにくを入れて中火で炒め、ひき肉の色が変わってきたらトマト、ビーツ、ビーツの汁、塩、黒こしょうを加える。一度煮立たせ、ふたをして弱火で10分ほど煮る。

3 スパゲティを表示時間どおりにゆで、ザルに上げる。**2**に加えて30秒ほど炒め合わせる。器に盛り、チーズ、ディルをのせる。

真空パックの場合は全部、缶の場合は
1/4カップ程度を使ってください。

ボリュームパスタ

シュクメルリ風クリームパスタ

ガツンと効かせたにんにくと
さつまいものやさしい甘さがベストバランス

材 料（2人分）

スパゲティ（1.6㎜）……… 200g
鶏もも肉……… 1枚（250g）
さつまいも……… 1/3本（100g）
玉ねぎ……… 1/4個
にんにく（みじん切り）……… 3片
塩、こしょう……… 各少々
オリーブオイル……… 大さじ3
水……… 1/2カップ
A 牛乳……… 150㎖
生クリーム……… 1/2カップ
塩、こしょう……… 適量
ピザ用チーズ……… 40g

1 鶏肉は3cm角に切り、塩、こしょうを強めにする。さつまいもは8㎜厚さの半月切りにして、水にさっとさらして、水気をきる。玉ねぎは薄切りにする。

2 フライパンにオリーブオイルを中火で熱し、鶏肉を皮目から並べ、あいているところにさつまいも、玉ねぎを入れる。ふたをして弱火にし4分ほど焼く。鶏肉に焼き色がついたら裏返し、にんにくを加えて1～2分焼き、水を加えてふたをして4～5分煮る。さつまいもがやわらかくなったら**A**を加えて弱火にし、2～3分混ぜながら煮る。

3 スパゲティは表示時間どおりにゆで、ザルに上げる。**2**に加えて30秒ほど煮る。器に盛り、チーズをのせる。

野菜も焦がさないよう、ときどき
上下を返してください。

PART 3

シーン別パスタ

PART1では普段使いできる「毎日パスタ」を紹介しましたが、
ここでは、休日のおもてなしや、忙しいとき、
給料日前、暑い日や寒い日など、
いろいろなシーンで役立つパスタを揃えました。
どんなときでもパスタがあれば食卓が楽しくなります。

休日パスタ

忙しい日の
手間なしパスタ

給料日前の
節約パスタ

ひんやり
冷製パスタ

ほかほか～！

あったか
焼きパスタ

おもてなし

Be my guest!

休日パスタ

休日のランチなら、
少しぜいたくな食材を使ったパスタや
軽いお酒と合うパスタでにぎやかに。
ディナーなら、お酒と一緒に語らいながら
楽しめるパスタでしっとりと。

生ハムと カッテージチーズの 冷製パスタ

作り方は P162

ブラックオリーブと刻みナッツのパスタ

作り方は **P163**

スモークサーモンと紫玉ねぎの冷製パスタ

作り方は **P163**

クイックパスタ

生ハムと
カッテージチーズの
冷製パスタ

フレッシュチーズと生ハムの
ねっとりしたうま味が融合！

材 料（2人分）

カッペリーニ……120g
生ハム……50g
カッテージチーズ……60g
ミニトマト……8個
バジル……1枝
A
オリーブオイル……大さじ3
粉チーズ……大さじ1
黒こしょう……少々
塩……適量
オリーブオイル、黒こしょう……各適量

1 生ハムは食べやすい大きさ、ミニトマトはへたを取って半分に切る。バジルは葉を摘む。

2 カッペリーニは表示時間どおりにゆで、ザルに上げる。冷水で冷やし、水気をきる。

3 ボウルに**2**、**1**、**A**、チーズを入れて混ぜる。器に盛り、オリーブオイルをかけ、黒こしょうをふる。

仕上げには、あれば香り高いエクストラバージンオリーブオイルを使って。

生ハムとカッテージチーズの冷製パスタのアレンジ

たことカッテージチーズの冷製パスタ

疲労回復効果のあるたこは夏バテ予防にも◎

「生ハムとカッテージチーズの冷製パスタ」の生ハム50g→ゆでだこ100gにする。たこはそぎ切りにする。

おもてなしにも

スモークサーモンと紫玉ねぎの冷製パスタ

レモンと紫玉ねぎ、サーモンのオレンジが見た目にもさわやか

材 料（2人分）

フェデリーニ……140g
スモークサーモン……50g
紫玉ねぎ……1/2個
レモン（国産）……1/4個
ケイパー……大さじ1と1/2（15g）

A
- オリーブオイル……大さじ4
- レモン汁、白ワインビネガー（または酢）……各大さじ1
- 塩……小さじ1/3
- 黒こしょう……適量

1 スモークサーモンは4～5cm幅に切る。玉ねぎは薄切りにして水に10分さらし、水気をしぼる。レモンは薄いいちょう切りにする。ケイパーは粗く刻む。

2 ボウルに1、Aを入れて混ぜ、時間があれば冷蔵庫で冷やす。

3 フェデリーニは表示時間どおりにゆで、ザルに上げる。冷水で冷やし、水気をきる。2に加えて混ぜる。

繊維に対して垂直に切ることで、生で食べるときの辛味が軽減します。

スモークサーモンと紫玉ねぎの冷製パスタのアレンジ

ゆで鮭と紫玉ねぎの冷製パスタ

スモークサーモンの代わりに手頃な鮭の切り身を使って

「スモークサーモンと紫玉ねぎの冷製パスタ」のスモークサーモン50g→生鮭（切り身）1切れにし、塩、こしょう各少々を加える。鮭は沸騰した湯でゆでて軽くほぐし、塩、こしょうをふって冷ましてから2で混ぜる。

おつまみにも

ブラックオリーブと刻みナッツのパスタ

ナッツの食感とスパイシーなシナモンの香りが食欲をそそる

材 料（2人分）

スパゲティ（1.6㎜）……160g
ブラックオリーブ（種なし）……25g
ミックスナッツ……60g
にんにく（みじん切り）……1片
オリーブオイル……大さじ3

A
- シナモンパウダー……小さじ1/3
- 塩……少々

シナモンパウダー……適量

1 ブラックオリーブ、ナッツは粗く刻む。

2 フライパンにオリーブオイルを弱火で熱し、1、にんにくを入れて3～4分焦がさないよう炒め、Aを加えて混ぜる。

3 スパゲティは表示時間どおりにゆで、ザルに上げる（ゆで汁大さじ2は取っておく）。2にスパゲティ、ゆで汁を加えて30秒ほど炒め合わせる。器に盛り、シナモンパウダーをふる。

ナッツは好みのものでOK。包丁で粗く刻んで歯ごたえを残して。

ブラックオリーブと刻みナッツのパスタのアレンジ

ひき肉とブラックオリーブと刻みナッツのパスタ

ひき肉を加えてボリュームアップ！

「ブラックオリーブと刻みナッツのパスタ」に牛ひき肉100gを加える。ひき肉はブラックオリーブ、ナッツの前に炒める。

おもてなしにも

めかじきとマッシュルームのゴルゴンゾーラクリームパスタ

ブルーチーズが好きなら絶対ハマるおいしさ！

材料（2人分）

スパゲティ（1.6mm）……… 200g
めかじき（切り身）……… 2切れ
マッシュルーム（白）……… 4個
塩、黒こしょう ……… 各適量
オリーブオイル ……… 大さじ1
A 生クリーム ……… 150mℓ
　ゴルゴンゾーラチーズ ……… 70g

1 めかじきは2cm四方に切り、塩少々をふる。マッシュルームは石づきを除いて5mm厚さに切る。

2 フライパンにオリーブオイルを中火で熱し、1を入れて2～3分炒め、Aを加えて弱火で混ぜながら温めて溶かす。

3 スパゲティは表示時間どおりにゆで、ザルに上げる。2に加えて30秒ほど静かに混ぜながら温め、味をみて足りなければ塩でととのえる。器に盛り、黒こしょうをふる。

煮立たせるとゴルゴンゾーラの香りが逃げてしまうので、火加減は弱火を守って。

ボリュームパスタ

えびとマッシュルームのガーリックパスタ

定番の具材にガーリックを効かせた、人気＆王道の味

材料（2人分）

ファルファッレ……150g
えび（殻つき）……大10尾
マッシュルーム（白）……4個
にんにく（みじん切り）……2片
塩……少々
オリーブオイル……大さじ4
A 白ワイン……大さじ1
　塩……小さじ1/4
　黒こしょう……適量
パセリ（みじん切り）……大さじ1〜2
レモン（くし形切り）……1/4個

塩でもむことで、余分な水分とともにえびの臭みも取れてプリプリの食感に。

1 えびは殻、剣先、背わたを除き、塩でもんで水で洗い、水気をふく。マッシュルームは石づきを除いて5㎜厚さに切る。
2 フライパンにオリーブオイル、にんにくを入れて弱火で1分ほど炒める。香りが立ったら1を加えて中火で3〜4分炒め合わせる。Aを加えて一度煮立たせる。
3 ファルファッレは表示時間どおりにゆで、ザルに上げる（ゆで汁大さじ4は取っておく）。2にファルファッレ、ゆで汁を加えて30秒ほど炒め合わせ、火を止める直前にパセリを加えて混ぜる。器に盛り、レモンを添える。

人気パスタ

パルメザンチーズたっぷりのせ厚切りベーコンのパスタ

おろしたてのチーズをたっぷりかけて。芳醇な香りに包まれます

材 料（2人分）

スパゲティ（1.6㎜）……… 200g
ブロックベーコン ……… 80g
にんにく（みじん切り）……… 2片
オリーブオイル ……… 大さじ3
白ワイン ……… 大さじ2
塩 ……… 小さじ1/4
パルメザンチーズ（ブロック）、
　黒こしょう ……… 各適量

1 ベーコンは1㎝角の棒状に切る。

2 フライパンにオリーブオイル大さじ1、1を入れて中火で焼き、焼き色がつき始めたら弱火にし、にんにくを加えて1～2分炒め合わせる。

3 スパゲティは表示時間どおりにゆで、ザルに上げる（ゆで汁大さじ3は取っておく）。2にゆで汁、白ワイン、残りのオリーブオイルを加えて煮立て、スパゲティ、塩を加えて30秒ほど炒め合わせる。器に盛り、すりおろしたチーズをたっぷりのせ、黒こしょうをふる。

チーズおろし、粗目のおろし金ですりおろして。手軽に作るなら粉チーズでも。

パルメザンチーズたっぷりのせ厚切りベーコンのパスタのアレンジ

パルメザンチーズたっぷりのせ厚切りベーコンのしょうゆ風味パスタ

おなじみのにんにくじょうゆ味に

「パルメザンチーズたっぷりのせ厚切りベーコンのパスタ」の塩小さじ1/4→しょうゆ大さじ1/2にし、塩少々で味をととのえる。

おもてなしにも

えびとズッキーニのレモンクリームパスタ

焼いたえびの香ばしさに柑橘の風味が合う！

しぼったあと、国産、ノーワックスのものであれば皮を千切りにして最後に散らして。

材料（2人分）

スパゲティーニ（1.2㎜）……… 200g
えび（殻つき）……… 大10尾
ズッキーニ ……… 1本
玉ねぎ ……… 1/3個
レモン ……… 1/2個
にんにく（みじん切り）……… 1片
塩、こしょう ……… 各少々
オリーブオイル、白ワイン ……… 各大さじ2

A
生クリーム ……… 150㎖
牛乳 ……… 1/4カップ
コンソメ（顆粒）……… 小さじ1/2
塩 ……… 小さじ1/4

1 えびは殻、剣先、背わたを除き、塩でもんで水で洗い、水気をふき、塩、こしょうをふる。ズッキーニはピーラーで細長く切る。玉ねぎは薄切りにする。レモンはしぼる。

2 フライパンにオリーブオイル、にんにくを入れて弱火で炒め、えび、玉ねぎを加えて2～3分焦がさないよう炒め合わせる。ズッキーニを加えてさっと炒め合わせ、白ワインを加えて煮立て、Aを加えて混ぜながら煮立たせる。

3 スパゲティーニは表示時間どおりにゆで、ザルに上げる。2にスパゲティーニ、レモン汁を加えて30秒ほど炒め合わせる。器に盛り、あればレモンの皮を散らす。

おもてなしにも

塩豚とカリフラワーの煮込みパスタ（P168 写真下）

かたまり肉で作る塩豚でごちそう感アップ！

材 料（2人分）

スパゲティ（1.6㎜）……… 200g
豚肩ロースかたまり肉 ……… 250g
カリフラワー ……… 150g（1/2個）
セロリ ……… 1/2本
にんにく（みじん切り）……… 1片
塩 ……… 小さじ1/3
A
水 ……… 2カップ
白ワイン ……… 大さじ2
黒こしょう（粒）……… 小さじ1/2
ローリエ ……… 2枚
粉チーズ ……… 適量

1 豚肉に塩をふり、ペーパータオル、ラップの順に包み、ポリ袋に入れて冷蔵庫に1～2日入れて塩豚を作る。塩を水で流して水気をふき、1㎝厚さ、2㎝長さ、1.5㎝幅に切る。カリフラワーは小さめの房に分ける。セロリはみじん切りにする。

2 鍋に塩豚、にんにく、Aを入れて一度煮立たせてアクを取り、弱火にしてふたをし、肉がやわらかくなるまで40分ほど煮る。途中で水が足りなくなったら水を1/2カップずつ加える。さらにカリフラワー、セロリを加えてふたをし、10分ほど煮込む。

3 スパゲティは表示時間どおりにゆで、ザルに上げる。2に加えて混ぜる。器に盛り、粉チーズをふる。

かたまり肉に塩をふって熟成させる塩豚。じっくり煮込んでホロリと崩れる食感に。

塩豚とカリフラワーの煮込みパスタのアレンジ

塩豚とカリフラワーのクリーム風煮込みパスタ

ひと手間でクリームパスタに変身！

「塩豚とカリフラワーの煮込みパスタ」に生クリーム大さじ2～3を加える。生クリームはカリフラワー、セロリを加えて10分ほど煮込んだあとに加えて、ひと煮する。

おつまみにも

コンビーフとクリームチーズのローズマリー風味パスタ（P168 写真上）

コンビーフのうま味に
生ハーブのさわやかな香りを添えて

材 料（2人分）

コンキリエ ……… 150g
コンビーフ ……… 80g
クリームチーズ ……… 60g
ローズマリー（生・粗く刻む）
……… 小さじ1と1/2
にんにく（みじん切り）……… 1片
オリーブオイル ……… 大さじ2
塩、黒こしょう ……… 各少々

1 チーズは1㎝角に切る。

2 フライパンにオリーブオイルを弱火で熱し、にんにくを入れて1分ほど炒める。香りが立ったらコンビーフ、ローズマリーを加えて1分ほど炒め合わせる。

3 コンキリエは表示時間どおりにゆで、ザルに上げる（ゆで汁大さじ3は取っておく）。2にコンキリエ、ゆで汁を加えて30秒ほど炒め合わせ、火を止めてから1を加えて混ぜ、塩で味をととのえる。器に盛り、黒こしょうをふる。

余熱でチーズを溶かしながら、コンキリエにソースをまとわせて。

コンビーフとクリームチーズのローズマリー風味パスタのアレンジ

コンビーフとカッテージチーズのハーブ風味パスタ

ストックしてあるドライハーブを使っても◎

「コンビーフとクリームチーズのローズマリー風味パスタ」のクリームチーズ60g→カッテージチーズ60g、ローズマリー（生・粗く刻む）小さじ1と1/2→ドライバジル小さじ1と1/2にする。チーズはほぐしてから使う。

ボリュームパスタ

鶏肉と紫キャベツとアンチョビのパスタ

香ばしく焼いたチキンソテーをトッピング。このひと皿で大満足

材料（2人分）
スパゲティ（1.6mm）……200g
鶏もも肉……1枚（250g）
紫キャベツ……150g
にんにく（みじん切り）……1片
塩、こしょう……各適量
オリーブオイル……大さじ1
A｜白ワイン、オリーブオイル……各大さじ2
　｜アンチョビペースト……小さじ2
黒こしょう……適量

1 鶏肉は余分な皮、脂を除き、4cm角に切り、塩、こしょうを強めにふる。キャベツは5mm幅に切り、長さを2～3等分にする。
2 フライパンにオリーブオイル、鶏肉を皮から入れて中火で4分ほど焼く。皮に焼き色がついたら裏返して3～4分焼き、にんにく、キャベツ、Aを加えて3～4分炒める。
3 スパゲティは表示時間どおりにゆで、ザルに上げる（ゆで汁大さじ4は取っておく）。2にスパゲティ、ゆで汁を加えて30秒ほど炒め合わせる。器に盛り、黒こしょうをふる。

アンチョビペーストは少量加えるだけで本格的な味に。刻む手間いらずで便利。

おもてなしにも

ベーコンとレンズ豆と野菜の煮込みパスタ

豆の滋味が溶け込んだスープを吸ったフジッリが絶品です

材料（2人分）
フジッリ……140g
ブロックベーコン……80g
レンズ豆（乾燥）……50g
にんじん……1/3本
玉ねぎ……1/3個
にんにく（みじん切り）……1片
オリーブオイル……大さじ1
A｜水……2と1/2カップ（500mℓ）
　｜白ワイン……大さじ2
　｜コンソメ（顆粒）……小さじ1
　｜塩……小さじ1/2
　｜こしょう……少々

1 ベーコンは1cm角の棒状、にんじん、玉ねぎは8mm～1cm角に切る。レンズ豆はさっと洗って水気をきる。
2 フジッリは表示時間どおりにゆで、ザルに上げる。
3 鍋にオリーブオイル、にんにく、ベーコン、にんじん、玉ねぎを入れて中火で3～4分炒め、A、レンズ豆を加えて一度煮立たせる。弱火にしてふたをし、ときどき混ぜながら20分ほど煮る。2を加えて混ぜる。

レンズ豆は水戻し不要で、短時間で煮えるので使い勝手抜群です。

ベーコンとレンズ豆と野菜の煮込みパスタのアレンジ

ベーコンとミックスビーンズと野菜の煮込みパスタ

そのままパパッと使える水煮タイプの豆でさらに手軽

「ベーコンとレンズ豆と野菜の煮込みパスタ」のレンズ豆（乾燥）50g→ミックスビーンズ（水煮）100gにする。

おもてなしにも

ほたてのパセリバターパスタ

人気シーフード・ほたてをゴロリとぜいたくに使って

材 料（2人分）

タリアテッレ……200g
ほたて貝柱（刺身用）……8粒
にんにく（みじん切り）……1片
塩、こしょう……各少々
オリーブオイル……大さじ1
白ワイン……大さじ2
A パセリ（みじん切り）……大さじ4
バター……20g
しょうゆ……小さじ1

1 ほたて貝柱は塩、こしょうをふる。

2 フライパンにオリーブオイルを中火で熱し、**1**を並べて焼き、焼き色がついたら裏返す。にんにくを加えて1分ほど焼き、白ワインを加えて一度煮立たせる。

3 タリアテッレは表示時間どおりにゆで、ザルに上げる（ゆで汁大さじ2は取っておく）。**2**にタリアテッレ、**A**、ゆで汁を加えて30秒ほど炒め合わせる。

ほたて貝柱は新鮮な刺身用を。固くならないように手早く仕上げましょう。

和風パスタ

アボカドと青じその冷製パスタ

青じそが香る、夏のランチにぴったりなひと皿

材 料（2人分）

フェデリーニ ……… 150g
アボカド ……… 1個
青じそ ……… 10枚
A ｜ごま油 ……… 大さじ2
　｜白だし（10倍濃縮）……… 大さじ1
削り節 ……… 適量

1 アボカドは1.5㎝角に切り、半量はフォークなどでつぶす。青じそは千切りにする。
2 フェデリーニは表示時間どおりにゆで、ザルに上げる（ゆで汁大さじ2は取っておく）。冷水で冷やし、水気をきる。
3 ボウルに1、フェデリーニ、Aを入れて混ぜる。器に盛り、削り節をのせる。

このとき、水分が足りなければ、ゆで汁を加えて食べやすく調整しましょう。

アボカドと青じその冷製パスタのアレンジ

アボカドとバジルとミントの冷製パスタ

フレッシュハーブとオリーブオイルで洋風に

「アボカドと青じその冷製パスタ」の青じそ10枚→バジル、ミント各1枚、Aのごま油大さじ2→オリーブオイル大さじ2にし、削り節適量は入れない。バジル、ミントは葉を摘んで刻む。

おつまみにも

ブラックオリーブとなすペーストのパスタ

アンチョビの隠し味が効いた、まろやかなペーストが絶品！

材料（2人分）

スパゲティ（1.6㎜）……… 160g

なす……… 1本

にんにく（みじん切り）……… 1片

オリーブオイル……… 大さじ2

A
- ブラックオリーブ（種なし）……… 25g
- オリーブオイル……… 大さじ1
- アンチョビペースト……… 小さじ3
- こしょう……… 少々

パルメザンチーズ（ブロック）……… 適量

1 なすは5㎜厚さの輪切りにする。フライパンにオリーブオイルを中火で熱し、なすを並べて弱火にし、ふたをして途中で上下を返しながら6～8分焼く。にんにくを加えて炒め合わせ、粗熱を取る。

2 フードプロセッサーに1（オイルごと）、Aを入れて攪拌し、ペースト状にする。

3 スパゲティは表示時間どおりにゆで、ザルに上げる。

4 1のフライパンに2、3を入れて30秒ほど炒め合わせる。器に盛り、すりおろしたチーズをたっぷりのせる。

しっかり火をとおして、なすの甘みを十分引き出してからペースト状に仕上げます。

ボリュームパスタ

牛肉の粗びきミートソース風

極太パスタに牛肉のうま味たっぷりのソースがからんで食べごたえ大！

材 料（2人分）

リガトーニ（太）……… 150g
牛こま切れ肉……… 200g
玉ねぎ……… 1/3個
にんじん……… 1/4個
セロリ……… 8cm
にんにく（みじん切り）……… 1片
塩、こしょう……… 各少々
バター……… 10g

A
トマト水煮缶（ホール）……… 400g
赤ワイン……… 1/4カップ
ウスターソース……… 大さじ1
コンソメ（顆粒）、砂糖……… 各小さじ1/2
塩……… 小さじ1/4
黒こしょう……… 適量
ローリエ……… 2枚

生クリーム、パセリ（みじん切り）……… 各適量

1 牛肉は粗く刻み、塩、こしょうを強めにふる。玉ねぎ、にんじん、セロリはみじん切りにする。

2 フライパンにバターを入れて熱し、にんにく、1を2～3分炒める。Aを加えてトマトをつぶしながら中火で一度煮立たせ、弱火にしてふたをし、ときどき混ぜながら15分ほど煮る。

3 リガトーニは表示時間どおりにゆで、ザルに上げる。2に加えて中火で30秒ほど炒め合わせる。器に盛り、生クリームをかけ、パセリを散らす。

あえてひき肉は使わずに、包丁で粗く刻んで肉々しい食感を残します。

おつまみ

Otsumami

WITH WINE AND BEER

いかの塩辛のペペロンチーノ風

作り方は P178

アボカドのガーリックマヨパスタ

作り方は P178

赤ウィンナーのケチャップパスタ

作り方は P179

クリームチーズのわさびじょうゆパスタ

作り方は P179

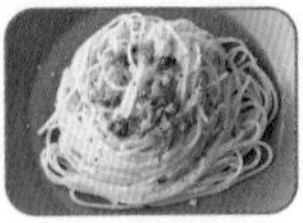

ピリ辛パスタ

いかの塩辛のペペロンチーノ風

塩辛の塩味で味つけいらず。冷えた日本酒と味わいたい

材 料（2人分）

スパゲティ（1.6㎜）……… 160g
いかの塩辛……… 50g
にんにく（みじん切り）……… 2片
赤唐辛子（輪切り）……… 1～2つまみ
オリーブオイル……… 大さじ4
黒こしょう……… 適量

1 スパゲティは塩を入れずに表示時間どおりにゆで、ザルに上げる（ゆで汁大さじ2は取っておく）。

2 フライパンにオリーブオイル、にんにく、赤唐辛子を入れて弱火で炒める。香りが立ってきたらいかの塩辛を加えて混ぜ、スパゲティ、ゆで汁を加えて30秒ほど炒め合わせる。器に盛り、黒こしょうをふる。

お使いの商品によって塩分量が異なるので、味をみて量を調節してください。

いかの塩辛のペペロンチーノ風のアレンジ

いか入りいかの塩辛のペペロンチーノ風

具材のいかと塩辛、多彩な味わい！

「いかの塩辛のペペロンチーノ風」に冷凍いか（カット）100gを加える。いかは解凍しておき、にんにく、赤唐辛子と一緒に炒める。

クイックパスタ

アボカドのガーリックマヨパスタ

ガーリックマヨ味はお酒も食もすすむ！

材 料（2人分）

スパゲティ（1.6㎜）……… 200g
アボカド……… 1個
にんにく（みじん切り）……… 2片
赤唐辛子（輪切り）……… 1～2つまみ
オリーブオイル……… 大さじ3
A マヨネーズ……… 大さじ2
　しょうゆ……… 小さじ2～3
黒こしょう……… 適量

1 アボカドは1.5㎝角に切る。

2 フライパンにオリーブオイルを中火で熱し、にんにく、赤唐辛子、**1**を入れて1～2分炒める。

3 スパゲティは表示時間どおりにゆで、ザルに上げる（ゆで汁大さじ4は取っておく）。**2**にスパゲティ、**A**、ゆで汁を加えて30秒ほど炒め合わせる。器に盛り、黒こしょうをふる。

アボカドは加熱しすぎると崩れてしまうので、軽く炒める程度にしてください。

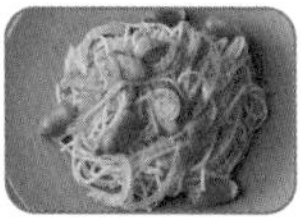

ピリ辛パスタ

赤ウィンナーのケチャップパスタ

パンチの効いた“赤いパスタ”でビールがすすむ！

材料（2人分）

スパゲティ（1.6㎜）……200g
赤ウィンナー……8本
玉ねぎ……1/3個
にんにく（みじん切り）……2片
オリーブオイル……大さじ2
A　トマトケチャップ……1/3カップ
　　タバスコ……適量
黒こしょう……適量

1 ウィンナーは斜め切り、玉ねぎは薄切りにする。
2 フライパンにオリーブオイルを中火で熱し、にんにく、1を入れて1～2分炒め、Aを加えて1分ほど炒め合わせる。
3 スパゲティは表示時間どおりにゆで、ザルに上げる。2に加えて30秒ほど炒め合わせる。器に盛り、黒こしょうをふる。

Aのタバスコの量は小さじ1/3～を目安に、好みの辛さに調節してください。

和風パスタ

クリームチーズのわさびじょうゆパスタ

こっくりクリームチーズをわさびの辛味でピリリと引き締めて

材料（2人分）

スパゲティ（1.6㎜）……200g
クリームチーズ（冷やしておく）……60g
A　しょうゆ……小さじ2
　　酒……大さじ1/2
　　おろしわさび……小さじ1/2
刻みのり、おろしわさび……各適量

1 チーズは1～1.5㎝角に切る。Aは混ぜ合わせて、わさびを溶かす。
2 スパゲティは表示時間どおりにゆで、ザルに上げる（ゆで汁大さじ3は取っておく）。
3 ボウルにスパゲティ、A、ゆで汁を加えて混ぜ、チーズを加えて混ぜる。器に盛り、のりをのせて、わさびを添える。

生のわさびを使用。練りわさびを使う場合は、辛いので量を調節してください。

おもてなしにも

パセリたっぷりクミン風味ペンネ

クミンパウダーでスパイシーなエスニック風に

材料（2人分）
ペンネ……150g
粗びきウィンナー……4本
にんにく（みじん切り）……2片
オリーブオイル……大さじ3
A パセリ（みじん切り）……大さじ3
　クミンパウダー、塩……各小さじ1/3
クミンパウダー……適量

1 ウィンナーは粗く刻む。
2 フライパンにオリーブオイルを中火で熱し、にんにく、1を入れて2～3分炒める。
3 ペンネは表示時間どおりにゆで、ザルに上げる。2にペンネ、Aを加えて30秒ほど炒め合わせる。器に盛り、クミンパウダーをふる。

クミンはカレーなどに用いられるスパイスのひとつ。幅広い料理に使えます。

パセリたっぷりクミン風味ペンネのアレンジ

パセリたっぷり カレー風味ペンネ

手軽なカレー粉で スパイスの香りをプラス

「パセリたっぷりクミン風味ペンネ」の粗びきウィンナー4本→牛こま切れ肉120g、Aのクミンパウダー小さじ1/3→カレー粉小さじ1/3、クミンパウダー適量→カレー粉適量にし、塩、こしょう各少々を加える。牛肉は粗く刻み、塩、こしょうをふってから、にんにくと一緒に炒める。

おもてなしにも

厚切りベーコンとじゃがいもの サラダ風ペンネ

カリカリに焼いたベーコン＆隠し味のマスタードが要！

じゃがいもはペンネと同じ鍋で、時間差でゆでても。時短になります。

材 料（2人分）

ペンネ……100g
ブロックベーコン……80g
じゃがいも……1/2個（100g）
にんにく（みじん切り）……1片
オリーブオイル……小さじ1
塩、黒こしょう……各適量

A
マヨネーズ……大さじ3
酢……大さじ1/2
マスタード……小さじ1と1/2
塩……小さじ1/3

1 ベーコンは1cm角の棒状、じゃがいもは2cm角に切る。

2 フライパンにオリーブオイルを中火で熱し、ベーコンを入れて炒める。焼き色がついたらにんにくを加えてさっと炒め、塩、黒こしょうをふる。

3 ペンネは表示時間どおりにゆで、ザルに上げる。じゃがいもは沸騰した湯で8～10分やわらかくなるまでゆで、軽くつぶす。

4 ボウルに**2**、**3**、**A**を入れて混ぜる。器に盛り、黒こしょうをふる。

厚切りベーコンとじゃがいものサラダ風ペンネのアレンジ

厚切りベーコンとかぼちゃの サラダ風ペンネ

サラダ風だからかぼちゃでも合う！

「厚切りベーコンとじゃがいものサラダ風ペンネ」のじゃがいも1/2個（100g）→かぼちゃ100gにする。かぼちゃは2～3cm角に切り、沸騰した湯で6～8分ゆでて軽くつぶす。

おもてなしにも

スモークサーモンとカッテージチーズのディルサラダ風ペンネ

オイルドレッシングでマリネされたサーモン&チーズが絶品!

材料(2人分)
ペンネ……120g
スモークサーモン、
　カッテージチーズ……各50g
玉ねぎ……1/4個
ディル……適量
A
オリーブオイル……大さじ3
酢……大さじ1
レモン汁……大さじ1/2
砂糖……小さじ1/2
塩……小さじ1/3
黒こしょう……少々

1 スモークサーモンは4～5cm長さに切る。玉ねぎは薄切りにして水に10分ほどさらして、水気をしぼる。ディルは小さめにちぎる。
2 ペンネは表示時間どおりにゆで、ザルに上げる。冷水で冷やし、水気をきる。
3 ボウルに2、1、Aを入れて混ぜ、チーズを加えて軽く混ぜる。

魚介に合わせるのが定番のハーブ、ディル。中でもサーモンとの相性は抜群です。

スモークサーモンとカッテージチーズのディルサラダ風ペンネのアレンジ

シーフードミックスのディルサラダ風ペンネ

冷凍ストックのシーフードミックスを活用

「スモークサーモンとカッテージチーズのディルサラダ風ペンネ」のスモークサーモン50g→冷凍シーフードミックス150g、カッテージチーズ50g→30g、Aのオリーブオイル大さじ3→大さじ2にし、マヨネーズ大さじ2を加える。シーフードミックスは解凍しておき、沸騰した湯で2～3分ゆで、ザルに上げて冷ます。

おもてなしにも

たことレモンのパスタ

イタリア料理によく使われる、たこを使ったオイル系パスタ

材料（2人分）

カッペリーニ……140g
ゆでだこ……150g
レモン（国産）……1/3個
玉ねぎ……1/4個
ブラックオリーブ（種なし）……8粒
A オリーブオイル……大さじ3
酢……大さじ1
アンチョビペースト……小さじ1
塩……小さじ1/3
黒こしょう……少々
イタリアンパセリ……適量

1 たこは薄いそぎ切り、レモンはいちょう切りにする。玉ねぎは薄切りにして水に10分ほどさらして、水気をしぼる。

2 カッペリーニは表示時間どおりにゆで、ザルに上げる。冷水で冷やし、水気をきる。

3 ボウルに2、1、A、ブラックオリーブを入れて混ぜる。ちぎったイタリアンパセリをのせる。

ブラックオリーブはホールのまま使って、よりおもてなし感アップ。

カマンベールチーズとドライフルーツのペンネ

作り方は P186

しらすと青じその手巻き寿司風パスタ

作り方は P186

いか墨パスタ

作り方は P187

オイルサーディンとミニトマトのパスタ

作り方は P187

おもてなしにも

カマンベールチーズとドライフルーツのペンネ

ワインを片手に、仲間とシェアしてどうぞ

材 料（2人分）

ペンネ……150g

カマンベールチーズ……1個

ドライフルーツミックス……50g

ミックスナッツ……40g

オリーブオイル……大さじ2

塩……小さじ1/3

黒こしょう……適量

1 チーズは10等分の放射状に切る。ドライフルーツ、ナッツは粗く刻む。

2 フライパンにオリーブオイルを中火で熱し、ナッツを入れて軽く炒め、ドライフルーツを加えて炒め合わせる。

3 ペンネは表示時間どおりにゆで、ザルに上げる。2にペンネ、塩を加えて30秒ほど炒め合わせる。器に盛り、チーズをのせ、黒こしょうをふる。

レーズン、プルーン、あんずなど好みのものを数種類合わせるのがおすすめ。

カマンベールチーズとドライフルーツのペンネのアレンジ

はちみつがけカマンベールチーズとドライフルーツのペンネ

チーズ×はちみつの黄金コンビ！

「カマンベールとドライフルーツのペンネ」にはちみつ適量を加える。はちみつは最後にかける。

おもてなしにも

しらすと青じその手巻き寿司風パスタ

ご飯の代わりにスパゲティを巻いて。おいしさ新発見！

材 料（2人分）

スパゲティ（1.6㎜）……50g

薄焼き卵、焼きのり……各2枚

しらす干し……40g

青じそ……8枚

A オリーブオイル、しょうゆ……各小さじ2/3

砂糖、和風だし（顆粒）……各小さじ1/3

1 薄焼き卵、のりは1枚を4等分に切る。

2 スパゲティは表示時間どおりにゆで、ザルに上げる。冷水で冷やし、ペーパータオルで水気をしっかりふく。

3 ボウルに2、Aを入れて混ぜる。

4 器に3、1、青じそ、しらすを並べ、焼きのりにのせて手巻き寿司のように食べる。

卵2個、砂糖小さじ1、塩少々を加えて薄焼き卵2枚を作りましょう。

しらすと青じその手巻き寿司風パスタのアレンジ

いくらと青じその手巻き寿司風パスタ

いくらで一気にごちそう感アップ！

「しらすと青じその手巻き寿司風パスタ」のしらす干し40g→いくらのしょうゆ漬け40gにする。

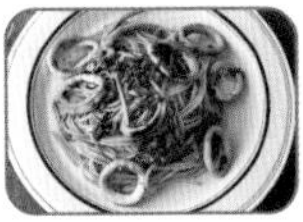

人気パスタ

いか墨パスタ

難しそうないか墨パスタもペーストを使えば簡単！

材料（2人分）

スパゲティ（1.6㎜）……… 160g
冷凍いか（リング）……… 100g
玉ねぎ……… 1/4個
にんにく（みじん切り）……… 1片
オリーブオイル……… 大さじ2
A 水……… 1/3カップ
　白ワイン……… 大さじ3
　トマトピューレ……… 大さじ1
　いか墨ペースト……… 4g
　コンソメ（顆粒）……… 小さじ1/2
塩、こしょう……… 各少々

1 いかは解凍しておく。玉ねぎはみじん切りにする。
2 フライパンにオリーブオイル、にんにく、玉ねぎを入れて弱火で炒め、にんにくの香りが立ってきたらいかを加えて中火で1～2分炒め合わせる。Aを加えて3～5分ときどき混ぜながら煮る。
3 スパゲティは表示時間どおりにゆで、ザルに上げる。2に加えて30秒ほど炒め合わせ、塩、こしょうで味をととのえる。

いか墨ペーストは市販品を活用。少量でいかの風味と黒い色がしっかり出ます。

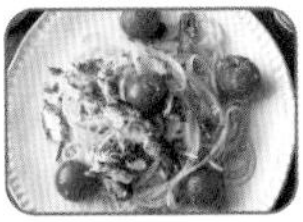

クイックパスタ

オイルサーディンとミニトマトのパスタ

オイルサーディンのうま味が味のベースに

材料（2人分）

スパゲティ（1.6㎜）……… 160g
オイルサーディン缶……… 1缶（固形分80g）
ミニトマト……… 10個
にんにく（みじん切り）……… 2片
オリーブオイル……… 大さじ1
A 塩……… 小さじ1/3
　黒こしょう……… 適量
パセリ（みじん切り）……… 適量

1 フライパンにオリーブオイル、にんにくを入れて弱火で炒め、にんにくの香りが立ってきたらへたを取ったミニトマト、オイルサーディンを加えてほぐしながら中火で1～2分炒め合わせる。
2 スパゲティは表示時間どおりにゆで、ザルに上げる。1に加えて30秒ほど炒め合わせ、Aで味をととのえる。器に盛り、パセリを散らす。

いわしを塩漬けにしてオイルで煮たもの。オイルやトマト系パスタに合います。

おもてなしにも

かにみそトマトクリームパスタ

凝縮されたかにの風味が口いっぱいに広がります

材 料（2人分）
スパゲティ（1.6㎜）……… 200g
かにみそ（市販）……… 30g
かに風味かまぼこ ……… 8本
にんにく（みじん切り）……… 1片
オリーブオイル ……… 大さじ1
A トマトピューレ ……… 150g
　水 ……… 1/2カップ
　白ワイン ……… 大さじ2
　塩、こしょう ……… 各少々
生クリーム ……… 1/4カップ

1 かに風味かまぼこは長さを半分に切る。

2 フライパンにオリーブオイル、にんにくを入れて弱火で炒め、にんにくの香りが立ってきたらA、かにみそを加えて3～4分煮る。生クリーム、1を加えて1～2分混ぜながら煮る。

3 スパゲティは表示時間どおりにゆで、ザルに上げる。2に加えて中火で30秒ほど混ぜながら煮る。

かにみそは瓶詰め、缶など市販のものを好みで使ってください。

シンプルパスタ

チーズリガトーニ

乳製品のソースだけで作る、ごくごくシンプルなひと皿

材 料（2人分）
リガトーニ ……… 20g
A 生クリーム ……… 1/3カップ
　粉チーズ ……… 大さじ2
　オリーブオイル ……… 大さじ1/2
　塩、黒こしょう ……… 各少々
ピザ用チーズ ……… 70g

1 リガトーニは表示時間どおりにゆで、ザルに上げる。

2 ボウルに1、Aを入れて混ぜる。耐熱容器に入れ、チーズをのせてオーブントースター（1000 W）で焼き色がつくまで5～6分焼く。

ここで、薄切りにしたブラックオリーブを混ぜ込んでもおいしいです。

忙しい日の手間なしパスタ

火を使わずに作るレンチンパスタ、
フライパン１つで作るパスタ、
スパゲティをゆでて
具材と混ぜるだけの
クイックパスタを紹介します。

人気パスタ

レンチン カルボナーラ

失敗なしの簡単カルボナーラ

材 料（1人分）

スパゲティ（1.6mm・**早ゆで3分タイプ**※）
……100g
スライスベーコン……2枚（30g）

A
水……150mℓ
オリーブオイル……大さじ1/2
塩……小さじ1/3
にんにく（すりおろし）……小さじ1/4

B
卵……1個
牛乳……大さじ1と1/2
粉チーズ……大さじ1
マヨネーズ……大さじ1/2

黒こしょう……適量

1 ベーコンは1.5cm幅に切る。
2 耐熱容器にスパゲティを半分に折って入れ、1をのせ、混ぜ合わせた**A**をかける。
3 ふんわりとラップをして、電子レンジ（600W）で4分加熱する。一度混ぜ、ラップをしてさらに2分加熱して混ぜる。熱いうちに混ぜ合わせた**B**を加えて混ぜ、黒こしょうをかける。

耐熱容器によっては、そのままテーブルに出せるのでさらに手間いらずに。

QUICK RECIPE
火を使わない

※短時間で作るため、スパゲティは早ゆで3分タイプを使用しています。
普通のスパゲティを使用する場合は、水分量や加熱時間を各自調節してください。

人気パスタ

カレー風味ナポリタン

パンチの効いたカレー風味でフォークがすすむ！

材 料（1人分）

スパゲティ（1.6㎜・早ゆで3分タイプ）
……… 100g
ウィンナー……… 2本（40g）
冷凍ミックスベジタブル……… 40g

A
水……… 150㎖
トマトケチャップ……… 大さじ3
オリーブオイル……… 大さじ1/2
ウスターソース……… 小さじ1
カレー粉……… 小さじ1/2
コンソメ（顆粒）……… 小さじ1/4
塩……… 少々

粉チーズ……… 適量

1 ウィンナーは斜め切りにする。

2 耐熱容器にスパゲティを半分に折って入れ、ウィンナー、ミックスベジタブルをのせ、混ぜ合わせた**A**をかける。

3 ふんわりとラップをして、電子レンジ（600W）で4分加熱する。一度混ぜ、ラップをしてさらに2分加熱して混ぜる。粉チーズをふる。

凍ったままのせてＯＫ。もちろん好みの野菜を細かく切ってのせても。

和風パスタ

あさりとしめじのしょうゆパスタ

あさりの水煮缶を使って、うま味たっぷり！

材 料（1人分）

スパゲティ（1.6㎜・**早ゆで3分タイプ**）
………100g

しめじ………50g

あさり水煮缶
………小1缶（身40g＋汁70g）

A
水………1カップ
オリーブオイル、しょうゆ
………各大さじ1/2
和風だし（顆粒）、にんにく
（すりおろし）………各小さじ1/4

万能ねぎ（小口切り）………適量

1 しめじは根元を切り落としてほぐす。
2 耐熱容器にスパゲティを半分に折って入れ、しめじ、あさりの身をのせ、混ぜ合わせた**A**をかける。
3 ふんわりとラップをして、電子レンジ（600W）で4分加熱する。一度混ぜ、ラップをしてさらに2分加熱して混ぜる。万能ねぎを散らす。

Aの水は、あさりの缶汁を計量カップに入れ、水を足して1カップにしてください。

和風パスタ

さんまのかば焼き缶とねぎのパスタ

かば焼きの味つけでいただくクイックパスタ

材料（1人分）

スパゲティ（1.6㎜・**早ゆで3分タイプ**）
……… 100g
さんまのかば焼き缶 ……… 1缶（身80g）
長ねぎ ……… 10㎝（35g）
A
- 水 ……… 150㎖
- ごま油 ……… 大さじ1/2
- しょうが（すりおろし）……… 小さじ1/4

粉山椒 ……… 適量

1 長ねぎは斜め薄切りにする。
2 耐熱容器にスパゲティを半分に折って入れ、長ねぎ、さんまのかば焼きを缶汁ごとのせ、混ぜ合わせたAをかける。
3 ふんわりとラップをして、電子レンジ（600W）で4分加熱する。一度混ぜ、ラップをしてさらに2分加熱して混ぜる。粉山椒をふる。

加熱したあと味をみて、足りなければしょうゆ少々を加えて混ぜて。

人気パスタ

トマトとひき肉のミートソース風

煮込まないからトマトのフレッシュさが味わえます

材料（1人分）

スパゲティ（1.6㎜・早ゆで3分タイプ）……100g
トマト……1個（200g）
長ねぎ……10㎝（35g）
合いびき肉……80g
A
水……150㎖
トマトケチャップ……大さじ1
オリーブオイル……大さじ1/2
ウスターソース……小さじ1
コンソメ（顆粒）……小さじ1/2
塩、こしょう……各少々
粉チーズ、ドライパセリ……各適量

1 トマトは2㎝角に切る。長ねぎは薄い小口切りにする。

2 耐熱容器にスパゲティを半分に折って入れ、ひき肉、1をのせ、混ぜ合わせたAをかける。

3 ふんわりとラップをして、電子レンジ（600W）で4分加熱する。一度混ぜ、ラップをしてさらに1～2分加熱して混ぜる。粉チーズ、パセリをふる。

簡単に作れるように長ねぎで。玉ねぎよりも切るのがラクチンです。

おもてなしにも

シーフードミックスの白ワイン風味パスタ

家飲みの〆《しめ》にちょうどいいおしゃれなレンチンパスタ

材 料（1人分）

スパゲティ（1.6㎜・早ゆで3分タイプ）……… 100g

冷凍シーフードミックス ……… 80g

A
- 水 ……… 1カップ
- 白ワイン ……… 大さじ1と1/2
- オリーブオイル、コンソメ（顆粒）、ドライハーブ（バジルやオレガノ）……… 各小さじ1/2
- にんにく（すりおろし）……… 小さじ1/4
- 塩 ……… 少々

粉チーズ ……… 適量

1 耐熱容器にスパゲティを半分に折って入れ、シーフードミックスをのせ、混ぜ合わせたAをかける。

2 ふんわりとラップをして、電子レンジ（600W）で4分加熱する。一度混ぜ、ラップをしてさらに1〜2分加熱して混ぜる。粉チーズをふる。

シーフードミックスは凍ったままではなく、解凍してからのせてください。

シンプルパスタ

ハムと
クリームチーズのパスタ

かわいい見た目にテンションアップ！

材 料（1人分）

スパゲティ（1.6㎜・早ゆで3分タイプ）
……… 100g
スライスハム……… 3枚（30g）
クリームチーズ……… 40g

A
水……… 150㎖
オリーブオイル……… 大さじ1/2
レモン汁……… 小さじ1
塩……… 小さじ1/4

牛乳……… 大さじ2
黒こしょう……… 適量

1 ハムは半分に切ってから5㎜幅に細く切る。
2 耐熱容器にスパゲティを半分に折って入れ、1、ちぎったチーズをのせ、混ぜ合わせた**A**をかける。
3 ふんわりとラップをして、電子レンジ（600W）で4分加熱する。一度混ぜて牛乳を加え、ラップをしてさらに1分加熱して混ぜる。黒こしょうをふる。

クリームチーズは1～2㎝の大きさにちぎって、まんべんなくのせましょう。

シンプルパスタ

ひき肉とにらの
オイスターソースパスタ

お酒のあとに食べたくなる
シンプル中華風味パスタ

材 料（1人分）

スパゲティ（1.6㎜・早ゆで3分タイプ）
……… 100g
豚ひき肉……… 80g
にら……… 1/3把（30g）

A
水……… 1カップ
酒、オイスターソース……… 各大さじ1
ごま油……… 小さじ1
鶏がらスープの素（顆粒）
……… 小さじ1/3
にんにく（すりおろし）……… 小さじ1/4
塩、こしょう……… 各少々

1 にらは3㎝長さに切る。
2 耐熱容器にスパゲティを半分に折って入れ、ひき肉、1をのせ、混ぜ合わせた**A**をかける。
3 ふんわりとラップをして、電子レンジ（600W）で4分加熱する。一度混ぜ、ラップをしてさらに1～2分加熱して混ぜる。

子ども向けには、好みで1㎝長さに細かく切っても。

QUICK RECIPE

フライパン1つ

クイックパスタ

ひき肉とブロッコリーのトマトパスタ

ひと鍋で煮込むから
いろんなおいしさがパスタにしみしみ〜

材料（1人分）

スパゲティ（1.6㎜・早ゆで3分タイプ）……100g

合いびき肉……80g

ブロッコリー……4房

A
- トマト水煮缶（カット）……200g
- 水……150㎖
- オリーブオイル……大さじ1/2
- 塩……小さじ1/3
- にんにく（すりおろし）……小さじ1/4

1 ブロッコリーは大きい房の場合は2つに分ける。

2 深めのフライパンに**A**、ひき肉を入れて煮立たせ、スパゲティを半分に折って入れて混ぜ、**1**を加える。ときどき混ぜながら4分ほど加熱する。

途中で水分が足りなくなったら、水を1/4カップずつ加えてください。

おつまみにも

ベーコンとズッキーニのクリームパスタ

生クリームのコクとベーコンのうま味がお酒にも合う！

材 料（1人分）

スパゲティ（1.6㎜・**早ゆで3分タイプ**）

……… 100g

スライスベーコン ……… 2枚

ズッキーニ ……… 1/3本

A | 水 ……… 1と1/4カップ

オリーブオイル ……… 小さじ1

コンソメ（顆粒）……… 小さじ1/2

塩、こしょう ……… 各少々

生クリーム ……… 1/4カップ

1 ベーコンは2cm幅に切る。ズッキーニは長さ5cmの短冊切りにする。

2 深めのフライパンに**A**、**1**を入れて中火で煮立たせ、半分に折ったスパゲティを加えて混ぜる。ときどき混ぜながら3～4分加熱する。生クリームを加えて混ぜ、火を止める。

途中で水分が足りなくなったら、水を1/4カップずつ加えてください。

QUICK RECIPE

混ぜるだけ

シンプルパスタ

赤じそふりかけと貝割れ菜のパスタ

味つけはふりかけにおまかせの超手間なしパスタ

材 料（1人分）

スパゲティ（1.6㎜）……… 100g

貝割れ菜……… 1/4パック

A　オリーブオイル……… 大さじ1
　　赤じそふりかけ……… 小さじ1～1と1/2

1 貝割れ菜は根元を切り落とし、3～4等分の長さに切る。

2 スパゲティは塩を入れずに表示時間どおりにゆで、ザルに上げる。

3 ボウルに2、1、Aを入れて混ぜる。

赤じそふりかけ以外でも、いろいろなふりかけで試してみて。

赤じそふりかけと貝割れ菜のパスタのアレンジ

赤じそふりかけと貝割れ菜とちくわのパスタ

ちくわを加えてボリュームアップ！

「赤じそふりかけと貝割れ菜のパスタ」にちくわ1本を加える。ちくわは8㎜厚さに切る。

クイックパスタ

バターじょうゆツナパスタ

包丁いらずで混ぜるだけ、なのにおいしい！

材料（1人分）

スパゲティ（1.6㎜）……… 100g

ツナ缶（油漬け）……… 70g

A
- しょうゆ……… 大さじ1/2
- バター……… 5g
- 和風だし（顆粒）……… 小さじ1/4

1 ツナは缶汁をきる。

2 スパゲティは表示時間どおりにゆで、ザルに上げる。

3 ボウルに**2**、**1**、**A**を入れて混ぜる。

> バターが溶けやすいように、スパゲティが熱いうちに混ぜて。

バターじょうゆツナパスタのアレンジ

大根おろしのせ バターじょうゆツナパスタ

大根おろしでさっぱり

「バターじょうゆツナパスタ」に大根おろし適量、ポン酢しょうゆ小さじ１を加える。大根おろしは器に盛ったあとにのせて、ポン酢しょうゆをかける。

和風パスタ

削り節とのりの佃煮のパスタ

のりの佃煮は、実はパスタにもばっちり合う！

材料（1人分）

スパゲティ（1.6㎜）……… 100g

A｜のりの佃煮……… 大さじ1～1と1/2
　｜めんつゆ（2倍濃縮）、
　｜　オリーブオイル……… 各大さじ1

削り節……… 1～2g

Aのオリーブオイルをバター10gに替えてもおいしいです。

1 スパゲティは表示時間どおりにゆで、ザルに上げる（ゆで汁大さじ1は取っておく）。

2 ボウルに1、A、ゆで汁を入れて混ぜる。器に盛り、削り節をかける。

おつまみにも

焼き豚とザーサイときゅうりの中華風味パスタ

ビールが飲みたくなる、中華風のシンプルパスタ

材料（1人分）

スパゲティ（1.6㎜）……… 100g
きゅうり ……… 1/2本
焼き豚（薄切り）……… 3枚
ザーサイ ……… 20g
塩 ……… 少々
A｜ごま油 ……… 大さじ1
　｜オイスターソース ……… 小さじ1/2
　｜鶏がらスープの素（顆粒）、にんにく（すりおろし）……… 各小さじ1/4
白いりごま ……… 小さじ1

1 きゅうりは千切りにして塩をふり、2～3分おいて水気をしぼる。焼き豚は5㎜幅に切る。ザーサイは粗く刻む。
2 スパゲティは表示時間どおりにゆで、ザルに上げる。
3 ボウルに2、1、Aを入れて混ぜる。器に盛り、白いりごまをふる。

きゅうりは塩をまぶしてしんなりさせたほうが、スパゲティによくなじみます。

焼き豚とザーサイときゅうりの中華風味パスタのアレンジ

焼き豚とキムチときゅうりの中華風味パスタ

白菜キムチの辛味とシャキシャキ食感も合う！

「焼き豚とザーサイときゅうりの中華風味パスタ」のザーサイ 20g →白菜キムチ 20～30g にする。

和風パスタ

シャキシャキピーマンとじゃこのパスタ

生のピーマンがこんなにおいしいなんて！

材料（1人分）

スパゲティ（1.6㎜）……100g
ピーマン……1個
A
- ちりめんじゃこ……20g
- ごま油……大さじ1
- 塩昆布……10g
- 削り節……2g

1 ピーマンは2㎜厚さの輪切りにする。
2 スパゲティは表示時間どおりにゆで、ザルに上げる。
3 ボウルに2、1、Aを入れて混ぜる。

ピーマンに少しだけ火がとおるように、スパゲティが熱いうちに混ぜて。

シャキシャキピーマンとじゃこのパスタのアレンジ

シャキシャキピーマンとじゃこの梅風味パスタ

梅風味もやみつきになる味！

「シャキシャキピーマンとじゃこのパスタ」のAの塩昆布10g→梅干し1個にする。梅干しは種を除いて刻む。

シンプルパスタ

たっぷりパセリとトマトのパスタ

フレッシュなトマトをパセリの香りでいただきます

材 料（1人分）

スパゲティ（1.6㎜）……… 100g

トマト ……… 1個

A | オリーブオイル ……… 大さじ2

パセリ（みじん切り）、粉チーズ ……… 各大さじ1と1/2

塩 ……… 小さじ1/3

にんにく（すりおろし）……… 小さじ1/4

黒こしょう ……… 適量

1 トマトはへたを除いてポリ袋に入れ、手でもんでつぶす。

2 スパゲティは表示時間どおりにゆで、ザルに上げる。

3 ボウルに 2、1、A を入れて混ぜる。

> トマトは手でもんでつぶさず、1.5㎝角に切ってもOKです。

和風パスタ

桜えびと明太子のパスタ

桜えびの風味と食感が楽しい、ピンク色のパスタ

材 料（1人分）

スパゲティ（1.6㎜）……… 100g

A | 明太子（薄皮から中身を出してほぐす）……… 25g

バター ……… 10g

桜えび（乾燥）……… 5g

1 スパゲティは基本のゆで方 P36 の半量の塩を入れて表示時間どおりにゆで、ザルに上げる（ゆで汁大さじ2は取っておく）。

2 ボウルに、1、A、ゆで汁を入れて混ぜる。

> Aのバターは室温に戻してやわらかくしておくと、混ぜやすいです。

和風パスタ

サラダチキンのごまあえパスタ

シンプルなのに食べごたえありの
ごまたっぷりパスタ

材 料（1人分）

スパゲティ（1.6㎜）……… 100g
サラダチキン ……… 1/2枚
冷凍枝豆 ……… 60g
A 白すりごま ……… 大さじ2
　めんつゆ（2倍濃縮）……… 大さじ1と1/2
　ごま油 ……… 小さじ1

1 サラダチキンは5㎜厚さに切り、さらに1㎝幅に切る。枝豆は解凍してさやから出す。
2 スパゲティは表示時間どおりにゆで、ザルに上げる。
3 ボウルに2、1、Aを入れて混ぜる。

Aの白すりごま、めんつゆを、市販のごまダレに替えてもＯＫです。

和風パスタ

かま玉パスタ

小腹が減ったとき、忙しいとき、夜食にも◎

材 料（1人分）

スパゲティ（1.6㎜）……… 100g
万能ねぎ ……… 2～3本
昆布茶 ……… 小さじ1/2
削り節 ……… 2g
温泉卵 ……… 1個
しょうゆ ……… 大さじ1/2

1 万能ねぎは小口切りにする。
2 スパゲティは表示時間どおりにゆで、ザルに上げる。器に盛り、昆布茶をかけ、1、削り節、温泉卵をのせ、しょうゆをかける。混ぜながら食べる。

昆布茶がなければ、顆粒の和風だしでもＯＫです。

COLUMN 3

スープパスタ

マグカップやスープカップなどでいただける軽食的なスープパスタと、
スープジャーの保温調理機能を使ったパスタを紹介します。

コーンクリームパスタ

市販のコーンスープの素を使ってお手軽なのに濃厚なクリームパスタ

材料（1人分）
スパゲティ（1.6㎜・**早ゆで3分タイプ**）……30g
水……150㎖
A｜コーンクリームスープの素（顆粒）……1袋
　｜牛乳……1/4カップ
塩……少々
黒こしょう……適量

1 深めの耐熱カップにスパゲティを3等分に折って入れ、水を加えてふんわりとラップをする。電子レンジ（600W）で4分ほど加熱して混ぜ、さらにラップをしてスパゲティがやわらかくなるまで2～3分加熱する。
2 Aを加えて混ぜ、塩で味をととのえ、黒こしょうをふる。

塩分を先に入れると吹きこぼれやすいので、電子レンジ加熱後に入れてください。

中華スープパスタ

本格中華スープパスタが電子レンジでパパッと完成！

材料（1人分）
スパゲティ（1.6㎜・**早ゆで3分タイプ**）……30g
スライスハム……2枚
にんじん……15g
水……1カップ
A｜パセリ（みじん切り）……小さじ1
　｜鶏がらスープの素（顆粒）、白いりごま……各小さじ1/2
　｜しょうゆ、ごま油……各小さじ1/3
　｜しょうが（すりおろし）……小さじ1/4
　｜こしょう……少々

1 ハムは半分に切ってから5㎜幅に切る。にんじんは千切りにする。
2 深めの耐熱カップにスパゲティを3等分に折って入れ、1、水を加えてふんわりとラップをする。電子レンジ（600W）で4分ほど加熱して混ぜ、さらにラップをしてスパゲティがやわらかくなるまで2～3分加熱する。
3 Aを加えて混ぜる。

ハムもにんじんも細く切っているので、早く火がとおります。

ミネストローネパスタ

材料（1人分）

ペンネ……30g

ウィンナー……1本

ミックスビーンズ（水煮）……15g

A
- 水……150mℓ
- トマトジュース……1/2カップ
- コンソメ（顆粒）……小さじ1/3
- こしょう……少々

塩……少々

1 ウィンナーは8㎜厚さの輪切りにする。

2 鍋に1、ミックスビーンズ、Aを入れて中火で煮立て、ペンネを加えて再び煮立たせる。

3 塩で味をととのえ、スープジャーに入れる（30分後には食べられ、6時間以内に食べる）。

使う前に熱湯を入れて保温力を高めておきましょう。ジャーが温まったら熱湯を捨てます。

和風カレースープパスタ

材料（1人分）

スパゲティ（1.6㎜）……30g

豚こま切れ肉……30g

玉ねぎ……20g

にんじん……15g

A
- 水……250mℓ
- めんつゆ（2倍濃縮）……大さじ1と1/2
- カレー粉……大さじ1/2

1 豚肉は食べやすい大きさに切る。玉ねぎは薄切り、にんじんは千切りにする。

2 鍋にA、1を入れて中火で煮立て、スパゲティを3等分に折って加え、再び煮立たせる。

3 スープジャーに2を入れる（30分後には食べられ、6時間以内に食べる）。

早ゆでタイプではなく、普通のスパゲティのほうが時間がたっても伸びにくいです。

給料日前の節約パスタ

給料日前で食費を抑えたいときは
ストックのスパゲティと
節約食材を使って
上手に乗りきりましょう。

クイックパスタ

かに風味かまぼこといり卵のパスタ

**鶏がらスープの素で味つけもラクラク！
かに玉風の中華パスタ**

材料（2人分）

スパゲティ（1.6㎜）……… 200g
かに風味かまぼこ ……… 6本
卵（溶きほぐす）……… 2個
ごま油 ……… 大さじ2
A 鶏がらスープの素（顆粒）……… 小さじ1
にんにく（すりおろし）……… 小さじ1/2
塩、こしょう ……… 各少々

1 かに風味かまぼこは長さを半分に切って、それぞれ2～3等分に軽くほぐす。
2 フライパンにごま油大さじ1を中火で熱し、溶き卵を流し入れていり卵を作り、取り出す。
3 スパゲティは表示時間どおりにゆで、ザルに上げる（ゆで汁大さじ4は取っておく）。
4 **2**のフライパンに残りのごま油を入れて中火で熱し、**1**、**2**、**3**、**A**、ゆで汁を入れて30秒ほど炒め合わせる。

いり卵は一度取り出して最後に合わせることで、ふわっとした食感になります。

和風パスタ

魚肉ソーセージとなすの青のりじょうゆパスタ

磯の風味が広がる青のりをスパゲティと具材にからめて

材料（2人分）

スパゲティ（1.6㎜）……… 200g
魚肉ソーセージ、なす……… 各1本
オリーブオイル……… 大さじ2

A
- 青のり……… 大さじ1と1/2
- みりん……… 大さじ1
- しょうゆ……… 小さじ2
- しょうが（すりおろし）……… 小さじ1/2

1 魚肉ソーセージは厚さ5㎜の斜め薄切り、なすは5㎜厚さの半月切りにする。

2 フライパンにオリーブオイルを中火で熱し、1を入れて4～5分炒める。

3 スパゲティは表示時間どおりにゆで、ザルに上げる。2にスパゲティ、Aを加えて30秒ほど炒め合わせる。

なすは薄めに切ることで火がとおりやすく、時短になります。

魚肉ソーセージとなすの青のりじょうゆパスタのアレンジ

紅しょうが入り魚肉ソーセージとなすの青のりじょうゆパスタ

紅しょうがのさわやかな辛味がアクセントに

「魚肉ソーセージとなすの青のりじょうゆパスタ」に紅しょうが（刻む）大さじ1～1と1/2を加える。紅しょうがはスパゲティと一緒に炒め合わせる。

シンプルパスタ

たっぷりねぎとひき肉のソースパスタ

肉のうま味とねぎの甘味がたっぷり詰まった絶品パスタ

材 料（2人分）

スパゲティ（1.6mm）……… 200g
豚ひき肉……… 150g
長ねぎ……… 1本
ごま油……… 大さじ1
A 中濃ソース……… 大さじ1と1/2
酒……… 大さじ1
しょうが（すりおろし）、
しょうゆ……… 各小さじ1

1 長ねぎは小口切りにする。
2 フライパンにごま油を中火で熱し、1、ひき肉を入れて4分ほど炒める。ひき肉に火がとおったらAを加えて、さっと炒め合わせる。
3 スパゲティは表示時間どおりにゆで、ザルに上げる（ゆで汁大さじ3は取っておく）。2にスパゲティ、ゆで汁を加えて30秒ほど炒め合わせる。

冷蔵庫にある中濃ソースを使って、いつもと違う味にチャレンジを！

たっぷりねぎとひき肉のソースパスタのアレンジ

たっぷりねぎとひき肉の屋台風ソースパスタ

桜えびとマヨネーズで屋台の味に

「たっぷりねぎとひき肉のソースパスタ」に桜えび（乾燥）5g、マヨネーズ適量を加える。桜えびはひき肉と一緒に炒め、マヨネーズは器に盛ったあとにかける。

和風パスタ

ちくわと小松菜の塩昆布パスタ

ちくわと塩昆布のうま味でおいしいひと皿に

材 料 (2人分)

スパゲティ (1.6㎜) ……… 200g

ちくわ ……… 3本

小松菜 ……… 1株

オリーブオイル ……… 大さじ2

A | 塩昆布 ……… 20g
  | しょうゆ ……… 小さじ1

削り節 ……… 適量

小松菜は茎の部分を先に炒め、そのあと葉の部分を炒めましょう。

1 ちくわは輪切りにする。小松菜は4㎝長さに切る。

2 フライパンにオリーブオイルを中火で熱し、ちくわを入れて2～3分炒め、焼き色がついたら小松菜を加えて1～2分炒め合わせる。

3 スパゲティを表示時間どおりにゆで、ザルに上げる (ゆで汁大さじ4は取っておく)。2にスパゲティ、A、ゆで汁を加えて30秒ほど炒め合わせる。器に盛り、削り節をかける。

クイックパスタ

ひき肉ときゅうりの和風ドレッシングパスタ

ドレッシングの種類を替えても楽しめます

材料（2人分）
スパゲティ（1.6㎜）……… 200g
鶏ひき肉……… 150g
きゅうり……… 1本
オリーブオイル……… 小さじ1
塩、こしょう……… 各少々
和風ドレッシング（市販）
……… 大さじ4～6

きゅうりをたたくことで、繊維が壊れて味がしみ込みやすくなります。

1 きゅうりは麺棒で軽くたたいてから乱切りにする。
2 フライパンにオリーブオイルを中火で熱し、ひき肉を入れて3～4分炒める。ひき肉の色が変わったら1を加えて30秒ほど炒め合わせ、塩、こしょうをふる。
3 スパゲティは表示時間どおりにゆで、ザルに上げる。2にスパゲティ、ドレッシング大さじ4を加えて30秒ほど炒め合わせる。器に盛り、味をみて好みで残りのドレッシングをかける。

ひき肉ときゅうりの和風ドレッシングパスタのアレンジ

ひき肉とレタスの和風ドレッシングパスタ

冷蔵庫にストックしてある葉野菜でも◎

「ひき肉ときゅうりの和風ドレッシングパスタ」のきゅうり1本→レタス（ちぎる）1～2枚にする。

クイックパスタ

もやしとツナのコンソメパスタ

ツナは缶汁ごと使ってうま味アップ。
もやしはかさ増しにも◎

材料（2人分）

スパゲティ（1.6㎜）……… 200g
もやし ……… 1袋
ツナ缶（油漬け）……… 70g
オリーブオイル ……… 大さじ1
A｜コンソメ（顆粒）……… 小さじ1
｜にんにく（すりおろし）……… 小さじ1/2
｜塩 ……… 少々
黒こしょう ……… 少々

1 フライパンにオリーブオイルを中火で熱し、もやしを入れて1〜2分炒め、ツナを缶汁ごと、Aを加えてさっと混ぜる。
2 スパゲティは表示時間どおりにゆで、ザルに上げる。1に加えて30秒ほど炒め合わせる。器に盛り、黒こしょうをふる。

火をとおしすぎるともやしから水分が出てしまうので、短時間でさっと炒めて。

シンプルパスタ

粉チーズとドライハーブのパスタ

バジル、オレガノ、ハーブミックスなど好みのハーブでどうぞ！

材料（2人分）

スパゲティ（1.6㎜）……… 200g
オリーブオイル ……… 大さじ2〜3
A｜粉チーズ ……… 大さじ4
｜ドライハーブ ……… 小さじ1
｜にんにく（すりおろし）……… 小さじ1/4
｜塩 ……… 少々
粉チーズ ……… 適量

1 スパゲティは表示時間どおりにゆで、ザルに上げる（ゆで汁大さじ4は取っておく）。
2 1が熱いうちに、オリーブオイル、A、ゆで汁の順に加えて混ぜる。器に盛り、粉チーズをかける。

にんにくをみじん切りにして、オリーブオイルで弱火で炒めてからスパゲティ、にんにく以外のAを加えて混ぜると香りがいい。

おつまみにも

コーンのバターじょうゆパスタ

甘〜いコーンと香ばしいしょうゆ風味が
食欲をそそります

材 料（2人分）

スパゲティ（1.6㎜）……… 200g
ホールコーン缶……… 100g
万能ねぎ……… 3〜4本
バター……… 10g
A｜しょうゆ……… 大さじ1
｜にんにく（すりおろし）、
｜和風だし（顆粒）……… 各小さじ1/2

1 コーンは缶汁をきる。万能ねぎは小口切りにする。
2 スパゲティは表示時間どおりにゆで、ザルに上げる（ゆで汁大さじ4は取っておく）。
3 フライパンにバターを中火で熱し、コーンを入れて1分ほど炒め、2、A、万能ねぎ、ゆで汁を加えて30秒ほど炒め合わせる。

万能ねぎは炒めず、器に盛ったあとにトッピングとしてのせてもＯＫ。

クイックパスタ

さばとトマトジュースのパスタ

さばとトマトは相性抜群！
常備食材でできるのもうれしい！

材 料（2人分）

スパゲティ（1.6㎜）……… 200g
さば缶（水煮）……… 1缶
玉ねぎ……… 1/3個
オリーブオイル……… 大さじ1
A｜トマトジュース……… 2カップ
｜コンソメ（顆粒）、ドライバジル
｜……… 各小さじ1
｜こしょう……… 少々

1 玉ねぎは薄切りにする。
2 フライパンにオリーブオイルを中火で熱し、1を入れて1〜2分炒め、A、さばを缶汁を軽くきって加える。さばを大きめにほぐし、一度煮立たせ、4〜5分加熱する。
3 スパゲティは表示時間どおりにゆで、ザルに上げる。2に加えて30秒ほど炒め合わせる。

トマトジュースを多めに使って、さっぱりコクのあるスープパスタ風に仕上げます。

クイックパスタ

レトルトカレーパスタ

ご飯はないけどスパゲティはある！
そんなときにも大活躍

材 料（2人分）

スパゲティ（1.6㎜）……… 200g
レトルトカレー……… 2パック
スライスチーズ……… 2枚

1 カレーは表示時間どおりに温める。
2 スパゲティは表示時間どおりにゆで、ザルに上げる。器に盛り、1をかけ、チーズをのせる。

カレーが熱いうちにチーズをのせて余熱でとろとろに。粉チーズもおすすめです。

人気パスタ

かに風味かまぼこと玉ねぎのトマトクリームパスタ

人気のトマトクリームを牛乳で作ってさっぱりと

材 料（2人分）

スパゲティ（1.6㎜）……… 200g
かに風味かまぼこ……… 8本
玉ねぎ……… 1/3個
オリーブオイル……… 大さじ2
A トマト水煮缶（ホール）……… 300g
牛乳……… 100㎖
コンソメ（顆粒）……… 小さじ1

1 かに風味かまぼこは長さを半分に切って、それぞれ2～3等分に軽くほぐす。玉ねぎは薄切りにする。
2 フライパンにオリーブオイルを中火で熱し、玉ねぎを入れて1～2分炒め、Aを加える。トマトをへらでつぶしながら中火で一度煮立て、3～4分煮る。かに風味かまぼこを加えてひと煮する。
3 スパゲティは表示時間どおりにゆで、ザルに上げる。2に加えて30秒ほど炒め合わせる。

トマト水煮缶はカットではなくホールを使って。加熱することでうま味が引き出されます。

クイックパスタ

ひき肉とミックスベジタブルの焼き肉のタレパスタ

冷凍野菜 & 焼き肉のタレは
何もしたくないときの救世主

材料（2人分）
スパゲティ（1.6㎜）……… 200g
豚ひき肉 ……… 150g
冷凍ミックスベジタブル ……… 100g
ごま油 ……… 大さじ1
A | 焼き肉のタレ ……… 大さじ4
| コチュジャン ……… 大さじ1/2

1 フライパンにごま油を入れて中火で熱し、ひき肉、凍ったままのミックスベジタブルを入れて3～4分炒める。ひき肉に火がとおったらAを加えて混ぜる。
2 スパゲティは表示時間どおりにゆで、ザルに上げる。1に加えて30秒ほど炒め合わせる。

焼き肉のタレにコチュジャンを加えることで、ぐっと味に深みが出て大人味に。

シンプルパスタ

パセリバターパスタ

つけ合わせじゃない！
"パセリ" がメインの絶品パスタ

材料（2人分）
スパゲティ（1.6㎜）……… 200g
A | パセリ（みじん切り）……… 大さじ2
| バター ……… 15g
| 塩 ……… 小さじ1/4
塩 ……… 少々

1 スパゲティは表示時間どおりにゆで、ザルに上げる（ゆで汁大さじ4は取っておく）。
2 ボウルに1、Aを入れて、熱いうちに混ぜる。水分を見ながらゆで汁を加え、塩で味をととのえる。

パセリはドライではなく、必ず生を使ってください。さわやかな風味が広がります。

ピリ辛パスタ

鶏肉と豆苗の
ペペロンチーノ

鶏胸肉を使った、安くておいしい
ペペロンチーノのアレンジ版

材 料（2人分）

スパゲティ（1.6㎜）……… 200g
鶏胸肉……… 1/2枚（120g）
豆苗……… 1/2パック
にんにく（薄切り）……… 2片
塩……… 小さじ1/4
こしょう……… 少々
オリーブオイル……… 大さじ2
赤唐辛子（輪切り）……… ふたつまみ

1 鶏肉はひと口サイズのそぎ切りにし、塩、こしょうをふる。豆苗は根元を切り落として、長さを半分に切る。

2 フライパンにオリーブオイルを中火で熱し、鶏肉を入れて2～3分焼き、9割ほど火がとおったらにんにく、赤唐辛子を加えて1～2分炒める。

3 スパゲティは表示時間どおりにゆで、ザルに上げる（ゆで汁大さじ4は取っておく）。2にスパゲティ、豆苗、ゆで汁を加えて30秒ほど炒め合わせる。

にんにくは焦げやすいので、あとから加えます。

クイックパスタ

ツナマヨじょうゆパスタ

みんな大好きツナマヨは
パスタにも合う！

材 料（2人分）

スパゲティ（1.6㎜）……… 200g
ツナ缶（水煮）……… 70g
A オリーブオイル、しょうゆ ……… 各大さじ1
A マヨネーズ……… 大さじ1と1/2
もみのり……… 適量

1 スパゲティは表示時間どおりにゆで、ザルに上げる。

2 ボウルに1、A、缶汁ごとツナを入れて、熱いうちに混ぜる。器に盛り、のりをかける。

マヨネーズにも油分が含まれるので、油漬けではなく水煮を使うのがおすすめ。

ツナマヨじょうゆパスタの
アレンジ

ツナマヨからしじょうゆパスタ

和がらしのツンとした辛味を効かせて

「ツナマヨじょうゆパスタ」のAに練りがらし小さじ1/3～1/2を加える。

お弁当にも

目玉焼きのせハムと玉ねぎのケチャップパスタ

シンプルなケチャップパスタに
目玉焼きでボリューム増

材料（2人分）

スパゲティ（1.6㎜）……… 200g
スライスハム……… 4枚
玉ねぎ……… 1/3個
卵……… 2個
オリーブオイル……… 大さじ2
塩、こしょう……… 各少々
A｜トマトケチャップ……… 大さじ5
｜コンソメ（顆粒）……… 小さじ1/4

1 ハムは半分に切ってから1㎝幅に切る。玉ねぎは薄切りにする。

2 フライパンにオリーブオイル大さじ1/2を中火で熱し、卵を割り入れて目玉焼きを作り、塩、こしょうをふって、取り出す。フライパンに残りのオリーブオイルを入れて、玉ねぎ、ハムの順に入れて3～4分炒める。Aを加えて炒め合わせる。

3 スパゲティは表示時間どおりにゆで、ザルに上げる（ゆで汁大さじ3は取っておく）。2に加えて30秒ほど炒め合わせる。器に盛り、目玉焼きをのせる。

黄身は好みの固さでOKですが、お弁当に入れるときはしっかり火をとおすこと。

和風パスタ

厚揚げとしめじの青のりパスタ

青のりを飾りではなく味つけとして使うのが肝！

材料（2人分）

スパゲティ（1.6㎜）……… 200g
厚揚げ……… 150g
しめじ……… 80g
オリーブオイル……… 大さじ2
A｜めんつゆ（2倍濃縮）
｜……… 大さじ3～4
｜青のり……… 大さじ1と1/2

1 厚揚げは1㎝厚さ、2㎝四方に切る。しめじは石突きを除いてほぐす。

2 フライパンにオリーブオイルを入れて中火で熱し、1を3～4分炒め、Aを加える。

3 スパゲティは表示時間どおりにゆで、ザルに上げる。2に加えて30秒ほど炒め合わせる。

厚揚げはこんがり焼き色がつくまで焼いて、香ばしさを引き出して。

COLUMN 4

スイーツパスタ

おやつとして、デザートとして……。パスタはスイーツとしても十分楽しめます。
倍量作りたい場合は、材料を2倍にしてください。

かりんとう風揚げペンネ

黒糖の
やさしい風味が
お茶請けにぴったり

材 料（1人分）
ペンネ……20g
片栗粉、サラダ油……各適量
A｜黒糖……25g
　｜水……大さじ1と1/2

1 ペンネは表示時間どおりにゆでてザルに上げ、水気をペーパータオルでしっかりふく。10分ほど広げて水分を完全に飛ばし、片栗粉をまぶす。
2 鍋にサラダ油を150～160度に熱し、1を入れて薄く茶色になり、カリッとするまで揚げる。
3 フッ素樹脂加工のフライパンにAを入れて中火で熱し、黒糖を溶かす。煮立ったら2を加え、フライパンを揺すりながら黒糖をからめる。オーブンシートの上に取り出し、できるだけくっつかないようにして乾かす。

早ゆでタイプのペンネなら2～3分、普通のペンネなら5～7分が目安です。

コンソメのり塩ペンネ

ポリポリ食感で
手が止まらない
おいしさ！

材 料（1人分）
ペンネ……20g
片栗粉、サラダ油……各適量
青のり……小さじ1/2
コンソメ（顆粒）……小さじ1/3
塩……少々

1 ペンネは表示時間どおりにゆでてザルに上げ、水気をペーパータオルでしっかりふく。10分ほど広げて水分を完全に飛ばし、片栗粉をまぶす。
2 鍋にサラダ油を150～160度に熱し、1を入れて薄く茶色になり、カリッとするまで揚げる。
3 熱いうちに青のり、コンソメ、塩をまぶす。

ペンネ以外にもショートパスタならどんなもので作ってもＯＫです。

パイナップルと生ハムのヨーグルトパスタ

さっぱりした酸味は前菜にも◎

材 料（1人分）
スパゲティ（1.6㎜）……50g
パイナップル、
　プレーンヨーグルト……各50g
生ハム……2枚
オリーブオイル……小さじ1
はちみつ……大さじ1/2
塩、黒こしょう……各少々

1 スパゲティは表示時間どおりにゆで、ザルに上げる。冷水で冷やして水気をきり、オリーブオイルをまぶす。
2 パイナップルは2㎝角、生ハムは食べやすい大きさに切る。
3 ボウルに1、パイナップル、ヨーグルト、はちみつ、塩を加えて混ぜ、器に盛る。黒こしょうをふり、生ハムをのせる。

黒こしょうをふると味が引き締まります。パイナップルとも相性抜群です。

はちみつとくるみとレモンのパスタ

材 料（1人分）
スパゲティ（1.6㎜）……50g
くるみ……20g
レモン（輪切り）……2枚
バター……10g
A はちみつ……大さじ1と1/2
　塩、黒こしょう……各少々

1 くるみは粗く刻む。レモンはそれぞれ6～8等分のいちょう切りにする。
2 スパゲティは表示時間どおりにゆで、ザルに上げる。
3 フライパンにバターを中火で熱し、くるみを入れて1分ほど炒め、2、A、レモンを加えて1分ほど炒め合わせる。

レモンは国産、ノーワックスのものを使用してください。

香ばしいくるみとはちみつバターのハーモニー♪

ひんやり冷製パスタ

暑い日はそうめんや冷やし中華もいいけれど
たまには冷製パスタはいかがですか?
スパゲティの水気をしっかりきると
味がぼやけず、おいしく作れます。

人気パスタ

トマトとバジルの冷製パスタ

**完熟トマトの甘み、
酸味、フレッシュ感をまるごとどうぞ**

ひんやり！

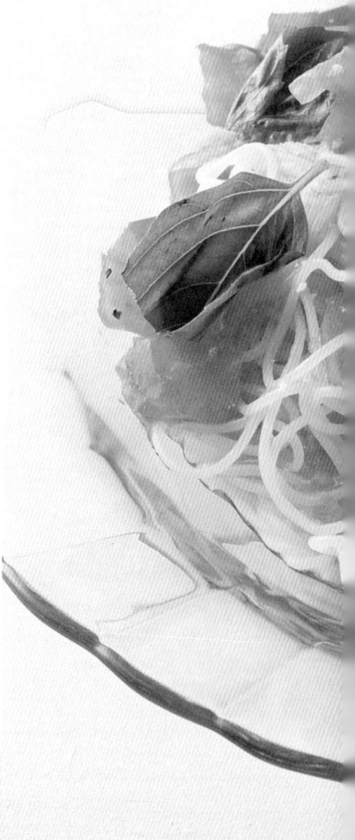

材料（2人分）

カッペリーニ……140g
トマト……2個
バジル……1枝
A オリーブオイル……大さじ3
にんにく（すりおろし）……小さじ1/4
黒こしょう……少々
塩……適量
粉チーズ……適量

1 トマトは1.5cm四方に切ってボウルに入れ、**A**を加えて混ぜ、時間があれば冷蔵庫で冷やす。バジルは葉を摘む。
2 カッペリーニは表示時間どおりにゆで、ザルに上げる。冷水で冷やし、水気をきる。
3 **1**のボウルに**2**、バジルを加えて混ぜる。器に盛り、粉チーズをふる。

ソースもしっかり冷やしておいたほうが、おいしく食べられます。

トマトとバジルの冷製パスタのアレンジ

トマトとバジルの冷製スープパスタ

トマトのおいしさが凝縮したジュースを使って

「トマトとバジルの冷製パスタ」のトマト2個→トマト1個にし、**A** にトマトジュース（無塩）1カップを加える。

シンプルパスタ

レモンパスタ

たっぷりレモンで本場・シチリアの味を再現！

レモンは国産、ノーワックスのものを使用してください。

材 料（2人分）

フェデリーニ……160g

レモン……1個

A
- オリーブオイル……大さじ4
- 粉チーズ……大さじ3
- 玉ねぎ（すりおろし）……大さじ2
- 砂糖……小さじ1/2
- にんにく（すりおろし）……小さじ1/4
- 黒こしょう……少々
- 塩……適量

イタリアンパセリ……適量

1 レモン1/2個は薄いいちょう切りにする。残りのレモンはしぼり、大さじ2をAと合わせる。

2 フェデリーニは表示時間どおりにゆで、ザルに上げる。冷水で冷やし、水気をきる。

3 ボウルに2、1を入れて混ぜる。器に盛り、ちぎったイタリアンパセリをのせる。

レモンパスタのアレンジ

生ハム入りレモンパスタ

生ハムの塩気がレモン味にマッチ！

「レモンパスタ」のAに生ハム40gを加える。生ハムは2～3㎝幅に切る。生ハムの分、塩は控えめにする。

クイックパスタ

冷やし鮭茶漬け風パスタ

お酒を飲んだあとの“〆《しめ》グルメ”や夜食にぴったり！

材 料（2人分）

スパゲティ（1.6㎜）……… 160g
鮭フレーク ……… 15g
三つ葉 ……… 2～3本
A | 水 ……… 2カップ
白だし（10倍濃縮）
……… 大さじ3～4
白いりごま ……… 小さじ1
練りわさび、もみのり ……… 各適量

1 三つ葉は2㎝長さに切る。
2 スパゲティは表示時間どおりにゆで、ザルに上げる。冷水で冷やし、水気をきる。
3 器に2を盛り、混ぜ合わせたAを注ぐ。鮭フレーク、1、白いりごま、わさび、のりをのせる。

あれば本わさびのすりおろしを使って。よりさわやかな風味と辛味が楽しめます。

冷やし鮭茶漬け風パスタのアレンジ

冷やし高菜明太茶漬け風パスタ

お茶漬けの人気具材にチェンジ

「冷やし鮭茶漬け風パスタ」の鮭フレーク 15g →刻み高菜漬け大さじ 2、明太子（薄皮から中身を出してほぐす）大さじ 1 にする。

おもてなしにも

いかとセロリと グレープフルーツのパスタ

グレープフルーツの酸味がさわやかな夏色パスタ

材 料（2人分）

カッペリーニ ……… 140g
冷凍いか（カット）……… 100g
セロリ ……… 1/2本
グレープフルーツ ……… 1/2個
バジル ……… 1枝
カッテージチーズ ……… 60g

A
- オリーブオイル ……… 大さじ3
- にんにく（すりおろし）……… 小さじ1/4
- 塩、黒こしょう ……… 各少々

1. いかは解凍しておき、沸騰した湯で2～3分ゆで、ザルに上げて粗熱を取る。セロリはピーラーで10cm長さに薄く削る。グレープフルーツは薄皮から中身を出して、軽くほぐす。バジルは葉を摘む。
2. カッペリーニは表示時間どおりにゆで、ザルに上げる。冷水で冷やし、水気をきる。
3. ボウルに**2**、**1**、**A**、チーズを入れて軽く混ぜる。

最初に筋を取り、そのままリボン状に薄く削ります。カッペリーニとよくなじんで食べやすくなります。

人気パスタ

ハムといり卵の中華サラダ風パスタ

冷やし中華をスパゲティでアレンジ。夏の定番になりそう！

材 料（2人分）

スパゲティ（1.6㎜）……… 160g
スライスハム……… 4枚
A
- 卵……… 2個
- 砂糖……… 小さじ1
- 酒……… 小さじ1/2
- 塩……… 少々

きゅうり……… 1/2本
サラダ油……… 小さじ1/2
塩……… 少々
B
- ごま油……… 大さじ3
- 酢……… 大さじ2
- しょうゆ……… 大さじ1
- 白いりごま……… 小さじ1/2〜1
- 砂糖、鶏がらスープ（顆粒）……… 各小さじ1/2
- こしょう……… 少々

1 ハムは半分に切ってから細切りにする。フライパンにサラダ油を中火で熱し、混ぜ合わせたAを流し入れていり卵を作る。きゅうりは細切りにして塩をふって軽くもみ、5分ほどおいて水気をしぼる。

2 スパゲティは表示時間どおりにゆで、ザルに上げる。冷水で冷やし、水気をきる。

3 器に2を盛り、1をのせ、混ぜ合わせたBをかける。

砂糖や鶏がらスープが溶け残らないように、しっかり混ぜ合わせてからかけて。

おもてなしにも

トマトと モッツァレラチーズと 青じそのパスタ

チーズのモチッとした食感と
フレッシュトマトのハーモニー♪

材料(2人分)

スパゲティ(1.6mm)……160g
トマト……2個
モッツァレラチーズ……100g
青じそ……5枚

A
オリーブオイル……大さじ3
にんにく(すりおろし)……小さじ1/4
黒こしょう……少々
塩……適量

1 トマトは1.5cm四方に切る。チーズは手で食べやすい大きさにちぎる。青じそは千切りにする。
2 スパゲティは表示時間どおりにゆで、ザルに上げる。冷水で冷やし、水気をきる。
3 ボウルに2、1、Aを入れて混ぜる。

手でちぎることで味がからみやすくなり、チーズの食感と風味が引き立ちます。

シンプルパスタ

めかぶ納豆パスタ

低カロリー&栄養満点!
めかぶと納豆の最強ネバネバコンビ

材料(2人分)

スパゲティ(1.6mm)……160g
めかぶ、納豆……各2パック

A
めんつゆ(2倍濃縮)……大さじ2
ごま油……小さじ1

1 スパゲティは表示時間どおりにゆで、ザルに上げる。冷水で冷やして水気をきり、Aであえる。
2 器に1を盛り、添付のタレを混ぜためかぶ、納豆をのせる。

混ぜてから盛りつけても、からめながら食べてもOKです。

めかぶ納豆パスタの
アレンジ

オクラ納豆パスタ

おなじみネバネバ食材のオクラを入れて!

「めかぶ納豆パスタ」のめかぶ2パック→オクラ6〜8本にする。オクラはへたを取って板ずりし、沸騰した湯で30秒ほどゆでて、小口切りにする。

おつまみにも

ツナとみょうがとブラックオリーブのマリネパスタ

薬味の定番“みょうが”を効かせて
大人の味わいに

材料（2人分）

スパゲティ……160g
ツナ缶（油漬け）……70g
みょうが……2個
ブラックオリーブ（種なし）……25g

A
オリーブオイル……大さじ3
しょうゆ……小さじ1
にんにく（すりおろし）……小さじ1/4
黒こしょう……少々
塩……適量

1 ツナは缶汁を軽くきる。みょうがは薄い小口切りにして水にさっとさらし、水気をしぼる。ブラックオリーブは粗く刻む。
2 ボウルに**1**、**A**を入れて混ぜ、時間があれば冷蔵庫で冷やす。
3 スパゲティは表示時間どおりにゆで、ザルに上げる。冷水で冷やし、水気をきる。**2**に加えて混ぜる。

ソースもしっかり冷やしておいたほうが、おいしく食べられます。

クイックパスタ

冷やしコーンクリームパスタ

コーンたっぷりで甘くて濃厚！ 癒やしの白色パスタ

材料（2人分）

カッペリーニ……140g

A
コーンクリーム缶……300g
牛乳……1カップ
ホールコーン缶……100g
塩、こしょう……各適量

1 ボウルに**A**を入れて混ぜ、時間があれば冷蔵庫で冷やす。
2 カッペリーニは表示時間どおりにゆで、ザルに上げる。冷水で冷やし、水気をきる。**1**に加えて混ぜる。

コーンはここでは混ぜずに、仕上げにのせてもOKです。

冷やしコーンクリームパスタのアレンジ

冷やし豆乳コーンクリームパスタ

豆乳でさっぱり＆ヘルシーに！

「冷やしコーンクリームパスタ」の**A**の牛乳1カップ→無調整豆乳1カップにする。

あったか焼きパスタ

でき立てアツアツの焼きパスタは
寒い日に心も体も温まる最高のごちそう！
オーブンがなくても
オーブントースターで気軽に作れます。

人気パスタ

えびとほうれん草のマカロニグラタン

具材にチーズをからめて、アツアツをいただく幸せ♡

材 料（2人分）
マカロニ……… 80g
むきえび……… 100g
ほうれん草……… 1/3把（60g）
玉ねぎ……… 1/3個
塩、こしょう……… 各少々
バター……… 20g
白ワイン、パン粉 ……… 各大さじ1
薄力粉 ……… 大さじ2（20g）
牛乳……… 300mℓ
コンソメ（顆粒）……… 小さじ1/2
ピザ用チーズ……… 80g

1 マカロニは表示時間どおりにゆで、ザルに上げる。
2 えびは背わたを除き、塩をふって軽くもんで洗い流し、水気をしっかりふき、塩、こしょうをふる。ほうれん草は洗って水にぬれた状態でラップに包み、電子レンジ（600W）で1分～1分20秒加熱し、水にさらして水気をしぼり、3cm長さに切る。玉ねぎは薄切りにする。
3 フライパンにバターを入れて中火で熱し、えび、玉ねぎを2～3分炒め、白ワインを加える。薄力粉を全体にまぶすように加え1～2分炒める。牛乳、コンソメを加えて混ぜ、とろみがつくまで混ぜながら2～3分煮る。1、ほうれん草を加えて混ぜ、塩、こしょうで味をととのえる。
4 耐熱容器に3を入れ、チーズ、パン粉の順にのせる。オーブントースター（1000W）で焼き色がつくまで5～8分焼く（パン粉が焦げそうなときはアルミ箔をかぶせる）。

薄力粉とバターを具材によくなじませることで、ダマになりにくくなります。

えびとほうれん草のマカロニグラタンのアレンジ

牡蠣とほうれん草のマカロニグラタン

冬のごちそう、牡蠣をグラタンで

「えびとほうれん草のマカロニグラタン」のむきえび100g→牡蠣（むき身・加熱用）8個にする。塩、こしょうをふって、玉ねぎと一緒に4～6分、途中で上下を返しながら炒める。

おもてなしにも

ラザニア

大勢で切り分けて食べたい、パーティーメニューの定番

湯にオリーブオイル大さじ1を入れてゆでると、ラザニアのくっつき防止に。

材 料（2～3人分）

ラザニア……9枚
ミートソース（市販）……300g
ホワイトソース缶……1缶（290g）
ピザ用チーズ……100g
パセリ（みじん切り）……適量

1 ラザニアは表示時間どおりにゆで、ザルに上げる。ペーパータオルに1枚ずつのせて水気をふく。

2 耐熱容器にミートソース、ホワイトソース、ラザニアの順に重ねる。これをもう2回繰り返して3層にし、チーズをのせる。

3 オーブントースター（1000 W）で**2**を焼き色がつくまで8～10分焼く（オーブンの場合は200度に予熱し、15～20分焼く）。パセリを散らす。

ラザニアのアレンジ

なす入りラザニア

とろっとやわらかいなすをはさんで

「ラザニア」になす1本、オリーブオイル大さじ1を加える。なすは5㎜厚さの薄切りにする。フライパンにオリーブオイルを弱火～中火で熱し、なすを入れて4分ほど焼き、裏返して3～4分焼く。ミートソースの上に重ねる。

人気パスタ

ほたてとベーコンのパスタグラタン

下ごしらえ済みのベビーほたてを使ってラクラク調理！

材料（2人分）

スパゲティ（1.6㎜）……… 120g
ベビーほたて（蒸したもの）……… 80g
スライスベーコン ……… 2枚
玉ねぎ ……… 1/3個
バター ……… 10g
塩、こしょう ……… 各少々
A ホワイトソース缶 ……… 1缶（290g）
　牛乳 ……… 130㎖
ピザ用チーズ ……… 70g

1 スパゲティは表示時間どおりにゆで、ザルに上げる。
2 ベーコンは2㎝幅に切る。玉ねぎは薄切りにする。
3 フライパンにバターを入れて中火で熱し、2を2～3分炒め、ほたてを加えて30秒ほど炒め合わせ、Aを加える。塩、こしょうで味をととのえ、1を加えて混ぜる。
4 耐熱容器に3を入れ、チーズをのせる。オーブントースター（1000 W）で焼き色がつくまで8～10分焼く。

ホワイトソースを加えたら、弱火で混ぜながらとろみの加減を調整して。

お弁当にも

卵サラダ風マカロニチーズ焼き

卵サラダにひと手間プラスで、さらにおいしく！

材料（2人分）

マカロニ……60g
ゆで卵……2個
スライスハム……3枚
A | マヨネーズ……大さじ4
ヨーグルト……大さじ1と1/2
レモン汁……小さじ1/2
塩、こしょう……各少々
スライスチーズ……1～2枚
黒こしょう……適量

1 マカロニは表示時間どおりにゆで、ザルに上げる。

2 ゆで卵は6等分、ハムは1×2㎝の長方形に切る。

3 ボウルに1、2、Aを入れて混ぜる。耐熱容器に入れ、チーズをのせる。オーブントースター（1000 W）で焼き色がつくまで5～8分焼く。黒こしょうをふる。

チーズは容器の大きさに合わせてちぎってのせて。チェダーがおすすめです。

お弁当にも

鶏肉とブロッコリーのカレー風味リガトーニグラタン

カレー粉は大胆にふってスパイシーな風味をプラス

牛乳は一気に加えるのがポイント。混ぜているうちにとろみがつきます。

材料（2人分）

- リガトーニ……80g
- 鶏もも肉……1/2枚
- ブロッコリー……1/3個（70g）
- 玉ねぎ……1/3個
- 塩、こしょう……各少々
- バター……20g
- 薄力粉……大さじ2（20g）
- 牛乳……300mℓ
- カレー粉……小さじ1
- ピザ用チーズ……80g

1 リガトーニは表示時間どおりにゆで、ザルに上げる。

2 鶏肉は余分な皮、脂を除いて3～4cm四方に切り、塩、こしょうを強めにふる。ブロッコリーは小房に分ける。玉ねぎは薄切りにする。

3 フライパンにバター10gを入れて中火で熱し、鶏肉を皮目から並べ、玉ねぎも加えてふたをする。玉ねぎをときどき混ぜながら4分ほど焼いて、鶏肉を裏返す。ふたをしてさらに3分ほど焼く。

4 3に残りのバターを加え、薄力粉を全体にまぶすように加え1～2分炒める。牛乳を加えて混ぜ、ブロッコリーを加えて3～4分混ぜながら煮る。1を加えて混ぜ、塩、こしょうで味をととのえる。

5 耐熱容器に4を入れ、カレー粉をかけ、チーズをのせる。オーブントースター（1000W）で焼き色がつくまで8～10分焼く。

鶏肉とブロッコリーのカレー風味リガトーニグラタンのアレンジ

鶏肉とブロッコリーのケチャップ風味リガトーニグラタン

ケチャップをからめたリガトーニで

「鶏肉とブロッコリーのカレー風味リガトーニグラタン」のカレー粉小さじ1→トマトケチャップ大さじ3にする。トマトケチャップはゆでたリガトーニと混ぜて耐熱容器に入れ、ソースをかけ、チーズをのせて焼く。

ボリュームパスタ

鮭とアスパラガスの豆乳パスタグラタン

豆乳を使って、やさしい味わいに仕上げています

材料（2人分）

スパゲティ（1.6㎜）……120g
生鮭（切り身）……2切れ
アスパラガス……4本
玉ねぎ……1/3個
塩、こしょう……各少々
バター……20g
白ワイン……大さじ1
薄力粉……大さじ2（20g）
無調整豆乳……300㎖
コンソメ（顆粒）……小さじ1/2
ピザ用チーズ……80g

1 スパゲティは表示時間どおりにゆで、ザルに上げる。
2 鮭はペーパータオルで水気をふき、塩、こしょうをふる。アスパラガスはピーラーで下1/3程度の皮をむき、4㎝長さに切る。玉ねぎは薄切りにする。
3 フライパンにバターを入れて中火で熱し、2を2〜3分炒め、白ワインを加えて混ぜる。薄力粉を野菜にまぶすように加え1〜2分炒める。豆乳、コンソメを少しずつ加えて混ぜ、弱火でとろみがつくまで静かに混ぜながら2〜3分煮る。1を加え、塩、こしょうで味をととのえる。
4 耐熱容器に3を入れ、チーズをのせる。オーブントースター（1000W）で焼き色がつくまで8〜10分焼く。

鮭を炒めるときは、身を崩さないよう上下を返すように炒めてください。

鮭とアスパラガスの豆乳パスタグラタンのアレンジ

鮭とコーンの豆乳パスタグラタン

豆乳のクリーム感とコーンの甘みがマッチ

「鮭とアスパガスの豆乳パスタグラタン」のアスパラガス4本→ホールコーン80gにする。コーンは豆乳と一緒に加える。

和風パスタ

かに風味かまぼこと長いもの和風パスタグラタン

こんがり焼いた、とろとろの長いもがソース代わりに

材料（2人分）
スパゲティ（1.6㎜）……… 150g
かに風味かまぼこ……… 8本
長ねぎ……… 1/2本
A | 長いも（すりおろす）……… 160g
豆腐（絹ごし）……… 100g
卵……… 1個
みそ……… 大さじ1/2
しょうゆ……… 小さじ1
和風だし（顆粒）……… 小さじ1/2
ピザ用チーズ……… 80g

1 かに風味かまぼこは長さを3等分に切る。長ねぎは薄い小口切りにする。Aは豆腐をつぶしながら混ぜ合わせる。
2 スパゲティは表示時間どおりにゆで、ザルに上げる。
3 耐熱容器に2を入れ、Aをかけ、かに風味かまぼこ、長ねぎ、チーズをのせる。オーブントースター（1000 W）で焼き色がつくまで8～10分焼く。

長いもは大和いもでもＯＫ。豆腐はペーパータオルに包んで水気をきっておいて。

クイックパスタ

ツナとトマトの パスタチーズ焼き

加熱して甘みが増したトマトとツナ、
とろ〜りチーズがマッチ

材 料（2人分）

スパゲティ（1.6㎜）……… 120g
トマト ……… 1と1/2個
ツナ缶（油漬け）、ピザ用チーズ ……… 各70g
塩、黒こしょう、ドライハーブ ……… 各適量

1 スパゲティは表示時間どおりにゆで、ザルに上げる。

2 トマトは1.5〜2㎝角に切る。ツナは軽く缶汁をきる。

3 ボウルに**1**、**2**、塩、黒こしょうを入れて混ぜる。耐熱容器に入れ、チーズをのせる。オーブントースター（1000 W）で焼き色がつくまで8〜10分焼き、ドライハーブをふる。

ドライハーブはストックしておくと便利。
バジルやオレガノなど、好みのものを。

おつまみにも

ゴルゴンゾーラチーズの マカロニグラタン

定番のマカロニグラタンをブルーチーズで味変！

材 料（2人分）

マカロニ ……… 100g
玉ねぎ ……… 1/2個
にんにく（みじん切り）……… 1片
バター ……… 20g
薄力粉 ……… 大さじ2（20g）
牛乳 ……… 300㎖
A ゴルゴンゾーラチーズ ……… 60g
　白ワイン ……… 大さじ2
　黒こしょう ……… 適量
ピザ用チーズ ……… 60g

1 マカロニは表示時間どおりにゆで、ザルに上げる。

2 玉ねぎは薄切りにする。

3 フライパンにバターを中火で熱し、**2**、にんにくを入れて2〜3分炒め、薄力粉を全体にまぶすように加え1〜2分炒める。牛乳を一気に加えて混ぜ、混ぜながらとろみがつくまで2〜3分煮る。**A**、**1**を加えて混ぜる。

4 耐熱容器に**3**を入れ、チーズをのせる。オーブントースター（1000 W）で焼き色がつくまで8〜10分焼く。

ゴルゴンゾーラの塩気が強い場合は、味をみながら量の調節を。

PART 4

作りおきパスタ

疲れたときや忙しい日に心強い
冷凍作りおきパスタと、作りおきパスタソース。
おいしいパスタが短時間で作れるから
時間のあるときにまとめて作って
冷凍庫や冷蔵庫に入れておけば安心です。

冷凍作りおきパスタ

レンチンするだけで食べられるから
忙しいときに本当に頼りになります！
小分け冷凍しておけばお弁当にも◎
保存期間の目安は約2週間です。

おつまみにも

ひき肉とひよこ豆のチリトマトパスタ

チリパウダーのスパイシーな香りがアクセントに

材 料 (2人分)

スパゲティ (1.6㎜) ……… 200g
合いびき肉 ……… 160g
ひよこ豆 (水煮) ……… 100g
玉ねぎ ……… 1/4個
にんにく (みじん切り) ……… 1片
オリーブオイル ……… 大さじ2

A
トマト水煮缶 (ホール) ……… 300g
チリパウダー ……… 小さじ2/3
砂糖 ……… 小さじ1/2
塩 ……… 小さじ1/3

1 玉ねぎはみじん切りにする。
2 フライパンにオリーブオイル、にんにく、ひき肉、1を入れて中火で炒め、色が変わったらひよこ豆、Aを加えてトマトをへらでつぶしながら一度煮立たせ、ふたをして弱火でときどき混ぜながら10分ほど煮る。
3 スパゲティは表示時間どおりにゆで、ザルに上げる。2に加えて混ぜる。

さらに、トマトをへらでつぶしながら混ぜてください。

冷凍するときのPOINT

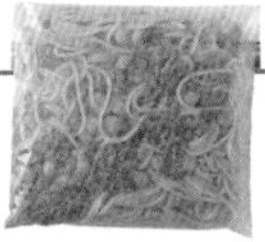

1人分ずつ冷凍

※1人分ずつ冷凍するときは、冷凍用のジッパーつきのポリ袋などに入れ、袋の空気を抜いて口を閉じ、できるだけ薄く平らにして冷凍庫に入れてください。食べるときは袋の口を開け、耐熱皿にのせて1人分ずつ電子レンジ (600 W) で4～5分加熱し、器に出してから混ぜてください。

小分け冷凍

※小分け冷凍するときは、冷凍用のおかずカップなどに入れて1個ずつラップで包み、冷凍用の保存容器などに入れて密閉して冷凍庫に入れてください。お弁当に入れるときは、ラップを軽く外して空気が抜ける穴を作り、耐熱皿にのせて電子レンジ (600 W) で約40秒～1分加熱して解凍してください。

1人分ずつ
冷凍

和風パスタ

ささみとしめじの コンソメじょうゆパスタ

あっさりした和風ならではの味わいです

材料（2人分）

スパゲティ（1.6㎜）……… 200g
鶏ささみ……… 2本
しめじ……… 100g
玉ねぎ……… 1/4個
にんにく（みじん切り）……… 1片
オリーブオイル……… 大さじ2
A｜しょうゆ……… 小さじ2
｜コンソメ（顆粒）、みりん
｜……… 各小さじ1

1 ささみは筋を除いてそぎ切りにする。しめじは石づきを除いてほぐす。玉ねぎは薄切りにする。
2 フライパンにオリーブオイル、にんにく、1を入れて中火で炒め、ささみに火がとおったらAを加えて30秒ほど炒め合わせる。
3 スパゲティは表示時間どおりにゆで、ザルに上げる。2に加えて混ぜる。

筋を取ることで加熱したときに縮みにくく、口当たりもよくなります。

おつまみにも

豚肉といんげんのレモン風味パスタ

塩麹×レモンでさっぱり！
食欲がないときでも食べられそう

1人分ずつ
冷凍

材 料（2人分）

スパゲティ（1.6㎜）……… 200g
豚肩ロース薄切り肉（しゃぶしゃぶ用）……… 150g
さやいんげん ……… 8本
にんにく（みじん切り）……… 1片
レモン ……… 1/3個
オリーブオイル ……… 大さじ2
A 塩麹 ……… 大さじ1と2/3
塩、こしょう ……… 各少々

レモンは国産、ノーワックスのものを使用してください。

1 豚肉は4㎝長さに切る。さやいんげんは斜め切り、レモンは4㎜厚さのいちょう切りにする。
2 フライパンにオリーブオイル、豚肉、さやいんげんを入れて中火で3～4分炒め、にんにくを加えて炒め合わせる。豚肉に火がとおったらAを加えて30秒ほど炒め合わせ、レモンを加えてひと混ぜする。
3 スパゲティは表示時間どおりにゆで、ザルに上げる。2に加えて混ぜる。

1人分ずつ
冷凍

クイックパスタ

ベーコンとグリーンピースのチーズペンネ

2種類のチーズで、味にコクと深みを出します

解凍時の色や食感の変化を防ぐため、凍ったまま加熱するのがポイント。

材 料（2人分）

ペンネ ……… 160g
スライスベーコン ……… 3枚
冷凍グリーンピース ……… 100g
クリームチーズ ……… 50g
にんにく（みじん切り）……… 1片
オリーブオイル、粉チーズ ……… 各大さじ2
A 牛乳 ……… 1/2カップ
塩 ……… 小さじ1/3
黒こしょう ……… 適量

1 ベーコンは1㎝幅、クリームチーズは2㎝四方に切る。
2 フライパンにオリーブオイル、にんにく、ベーコンを入れて中火で2分ほど炒める。グリーンピースを加え、弱火にしてクリームチーズ、Aを加えてクリームチーズを溶かすように混ぜながら煮る。
3 ペンネは表示時間どおりにゆで、ザルに上げる。2に加えて、粉チーズを加えて混ぜる。

作りおき パスタソース

基本からアイデアソースまで計15種を紹介。4人分作りたいときは材料を2倍にしてください。

保存するときは、保存容器に移しよく冷ましてから冷蔵庫に入れてください。保存期間の目安は2～3日です。冷凍保存できるものは、保存期間の目安は約2週間です。

基本のオイルソース

にんにくにじっくり
火をとおすのが
おいしさのコツ

材 料（2人分） ※冷凍NG
にんにく（みじん切り）…… 2片
赤唐辛子（輪切り）…… 1～2つまみ
オリーブオイル…… 大さじ4
塩…… 小さじ1/3　黒こしょう…… 少々

1 フライパンにオリーブオイル、にんにく、赤唐辛子を入れ、弱火で焦がさないよう香りが立つまで炒める。塩、黒こしょうを加える。

ベビーほたてと貝割れ菜のオイルソースのパスタ

材 料（2人分） フライパンに基本のオイルソースを中火で熱し、表示時間どおりにゆでてザルに上げたスパゲティ（1.6㎜）200g、ベビーほたて（蒸したもの）100gを加えてさっと炒め、半分の長さに切った貝割れ菜1パック分を加えて混ぜる。

基本のクリームソース

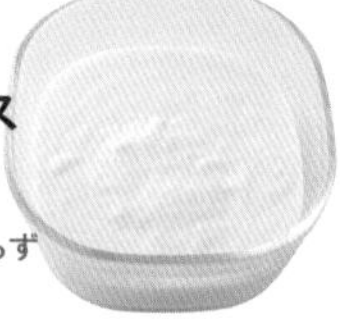

なめらかさが命の
クリームソースも
電子レンジで失敗知らず

材 料（2人分） ※冷凍OK
バター…… 20g　薄力粉…… 大さじ2（20g）
牛乳…… 1と1/4カップ（250㎖）
生クリーム…… 1/4カップ　塩…… 小さじ1/3
こしょう…… 少々

1 耐熱ボウルにバター、薄力粉を入れて、ラップをせずに電子レンジ（600 W）で1分ほど加熱し、泡立て器で手早く混ぜる。
2 牛乳を少しずつ加えて、泡立て器で混ぜる。
3 ふんわりとラップをして電子レンジで4～5分加熱する（途中で2～3回泡立て器で混ぜる）。生クリーム、塩、こしょうを加えて混ぜる。

ベーコンとほうれん草のクリームソースのパスタ

材 料（2人分）
フライパンにオリーブオイル大さじ1/2を熱し、2㎝幅に切ったスライスベーコン3枚分を炒め、焼き色がついたら4㎝長さに切ったほうれん草1/2把分（100g）を加えて炒め合わせる。基本のクリームソース、ゆで汁適量を加えて温め、表示時間どおりにゆでてザルに上げたスパゲティ（1.6㎜）200gを加えて混ぜる。

基本のトマトソース

組み合わせる
具材を選ばない
シンプルな味わい

材 料（2～3人分） ※冷凍OK
トマト水煮缶（ホール）…… 1缶（400g）
玉ねぎ…… 1/4片
にんにく（みじん切り）…… 1片
オリーブオイル…… 大さじ2　塩…… 小さじ2/3

1 玉ねぎはみじん切りにする。
2 鍋にオリーブオイル、にんにく、1を入れて弱火で2～3分炒める。
3 中火にしてトマト、塩を加えてへらで細かくつぶしながら2～3分炒める。ふたをして弱火でときどき混ぜながら30分ほど煮る。

シーフードのトマトソースのパスタ

材 料（2人分）
フライパンに1㎝幅に切ったスライスベーコン2枚分、冷凍シーフードミックス150g、オリーブオイル大さじ1を入れて炒め、基本のトマトソースを加える。表示時間どおりにゆでてザルに上げたスパゲティ（1.6㎜）200gを加えて中火で30秒ほど炒め合わせる。

ミートソース

作りおきすると味がなじんで、さらにおいしく

材料（2人分）　※冷凍OK
合いびき肉….200g　玉ねぎ….1/2個
セロリ….1/4本　にんにく（みじん切り）….1片
オリーブオイル….大さじ2
A｜トマト水煮缶（ホール）….300g
｜赤ワイン….大さじ2
｜コンソメ（顆粒）….小さじ1
｜塩….小さじ1/3
｜オールスパイス（あれば）….少々
粉チーズ….大さじ1と1/2
パセリ（みじん切り）….大さじ1

1 玉ねぎ、セロリはみじん切りにする。
2 鍋にひき肉を入れて中火で炒め、オリーブオイル、にんにく、1を加えて3～4分炒め合わせる。Aを加えてトマトをつぶしながら一度煮立たせ、ふたをして弱火でときどき混ぜながら30分ほど煮る。粉チーズ、パセリを加えて混ぜながら5分ほど煮る。

ミートソースのパスタ

材料（2人分）
フライパンにミートソースを入れて中火で温め、表示時間どおりにゆでてザルに上げたスパゲティ（1.6㎜）200gを加えて30秒ほど炒め合わせる。温めたミートソースをスパゲティにかけてもOK。

ジェノベーゼソース

本来の松の実の代わりに身近なナッツで作っても◎

材料（2人分）　※冷凍OK
バジルの葉….25g
くるみ….10g　オリーブオイル….大さじ4
にんにく….1片　塩….小さじ1/3

1 フードプロセッサーに材料をすべて入れて攪拌し、ペースト状にする。

ジェノベーゼソースのパスタ

材料（2人分）　スパゲティ（1.6㎜）200gは表示時間どおりにゆで、ザルに上げる。鍋に戻し、ジェノベーゼソースを様子をみながら少量ずつ加え、粉チーズ大さじ1と1/2、ゆで汁大さじ1～2を加えて中火で30秒ほど炒める。

基本の和風ソース

香味野菜としょうゆベースが日本人の口に合う！

材料（2人分）　※冷凍NG
長ねぎ….1/3本
にんにく（みじん切り）….1片
オリーブオイル….大さじ2
水….1/4カップ　しょうゆ….大さじ1
和風だし（顆粒）….小さじ1/2

1 長ねぎはみじん切りにする。
2 フライパンにオリーブオイル、にんにく、1を入れて中火で2分ほど炒め、水、しょうゆ、和風だしを加えてひと煮する。

ひき肉と小松菜の和風ソースのパスタ

材料（2人分）
フライパンにオリーブオイル大さじ1/2を中火で熱し、鶏ひき肉120gを炒め、火がとおったら3㎝長さに切った小松菜2株分を加えて炒め合わせる。基本の和風ソース、表示時間どおりにゆでてザルに上げたスパゲティ（1.6㎜）200gを加えて30秒ほど炒め合わせる。

ボンゴレソース

あさりの水煮缶ならパパッと作っておける！

材料（2人分）　※冷凍NG
あさり水煮缶
….200g（中1缶／固形65g＋汁130g）
にんにく（みじん切り）….2片
赤唐辛子（輪切り）….1～2つまみ
オリーブオイル….大さじ3
A｜白ワイン….大さじ3　水….大さじ2
｜塩、黒こしょう….各少々

1 鍋にオリーブオイル、にんにく、赤唐辛子を入れて弱火で熱し、香りが立ってきたら一度火を止め、あさり（缶汁ごと）、Aを加える。中火で2分ほど煮る。

ボンゴレソースのパスタ

材料（2人分）
フライパンにボンゴレソースを入れて中火で温め、表示時間どおりにゆでてザルに上げたスパゲティ（1.6㎜）200gを加えて30秒ほど炒め合わせる。

ひき肉ときのこの和風ソース

具だくさんのソースは作りおきしておくと重宝しそう

材料（2人分） ※冷凍OK

豚ひき肉 …… 120g　まいたけ …… 80g
えのきたけ …… 60g　にんにく（みじん切り） …… 2片
オリーブオイル …… 大さじ2
A｜しょうゆ、酒、水 …… 各大さじ1
　｜みりん …… 大さじ1/2
　｜和風だし（顆粒） …… 小さじ1/2

1 まいたけはほぐす。えのきたけは根元を切り落として長さを2〜3等分に切る。
2 フライパンにオリーブオイルを中火で熱し、にんにく、ひき肉、1を入れて4〜5分炒める。Aを加えて混ぜ、一度煮立たせて火を止める。

ひき肉ときのこの和風ソースのパスタ

材料（2人分）

フライパンにひき肉ときのこの和風ソースを入れて中火で温め、表示時間どおりにゆでてザルに上げたスパゲティ（1.6㎜）200gを加えて30秒ほど炒め合わせる。

ラタトゥイユ風野菜ソース

たっぷり入った夏野菜の甘みをギュッと濃縮

材料（2人分） ※冷凍OK

トマト …… 2個（400g）　パプリカ（黄） …… 1/2個
ズッキーニ …… 1/2本　玉ねぎ …… 1/4個
にんにく（みじん切り） …… 2片
オリーブオイル …… 大さじ2　塩 …… 小さじ1/3

1 トマトはざく切りにする。パプリカ、ズッキーニ、玉ねぎは1㎝四方に切る。
2 鍋にオリーブオイル、にんにく、パプリカ、ズッキーニ、玉ねぎを入れて中火で3〜4分炒め、トマト、塩を加えて一度煮立たせて、ふたをして弱火で10〜15分煮る。

ラタトゥイユ風野菜ソースのパスタ

材料（2人分）

フライパンにラタトゥイユ風野菜ソースを入れて中火で温め、表示時間どおりにゆでてザルに上げたスパゲティ（1.6㎜）200gを加えて30秒ほど炒め合わせる。

ナポリタンソース

子どもも好きな魚肉ソーセージとケチャップ味

材料（2人分） ※冷凍OK

魚肉ソーセージ …… 1本　ピーマン …… 2個
玉ねぎ、パプリカ（黄） …… 各1/3個
オリーブオイル …… 大さじ2
A｜トマトケチャップ …… 大さじ5（1/3カップ）
　｜ウスターソース …… 大さじ1/2
　｜コンソメ（顆粒） …… 小さじ1/2
　｜こしょう …… 少々

1 魚肉ソーセージは斜め切り、玉ねぎは薄切りにする。ピーマン、パプリカは8㎜幅に切る。
2 フライパンにオリーブオイルを中火で熱し、1を入れて3〜4分炒め、Aを加えて1分ほど炒め合わせる。

ナポリタンソースのパスタ

材料（2人分）

フライパンにナポリタンソースを入れて中火で温め、表示時間どおりにゆでてザルに上げたスパゲティ（1.6㎜）200gを加えて30秒ほど炒め合わせる。

ブロッコリーソース

スープ多めに仕上げた若草色のきれいな色のソース

材料（2人分） ※冷凍OK

ブロッコリー …… 1/2個　玉ねぎ …… 1/4個
にんにく（みじん切り） …… 2片
オリーブオイル …… 大さじ2　水 …… 1カップ
塩 …… 小さじ1/2

1 ブロッコリーは粗く刻む。玉ねぎはみじん切りにする。
2 フライパンにオリーブオイルを入れて中火で熱し、にんにく、1を入れて1分ほど炒める。水、塩を加え、煮立ったら弱火で5〜8分ブロッコリーがやわらかくなるまで煮る。

ブロッコリーソースのパスタ

材料（2人分）

フライパンにブロッコリーソースを入れて中火で温め、表示時間どおりにゆでてザルに上げたスパゲティ（1.6㎜）200gを加えて30秒ほど炒め合わせる。

高菜とひき肉の和風ソース

油で炒めた高菜漬けにしょうゆの風味を重ねて

材 料（2人分）　※冷凍OK
刻み高菜漬け…60g　豚ひき肉…120g
にんにく（みじん切り）…1片
オリーブオイル…大さじ2
A｜酒、水…各大さじ1　しょうゆ…大さじ1/2
　｜和風だし（顆粒）…小さじ1/2

1 フライパンにオリーブオイル、にんにく、ひき肉、高菜漬けを入れて中火で3～4分炒める。Aを加えてひと煮する。

高菜とひき肉の和風ソースのパスタ

材 料（2人分）
フライパンに高菜とひき肉の和風ソースを入れて中火で温め、表示時間どおりにゆでてザルに上げたスパゲティ（1.6㎜）200gを加えて30秒ほど炒め合わせる。

シチュー風クリームソース

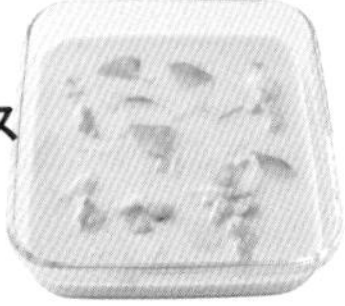

ほっこりシチュー風で身も心も温かく

材 料（2人分）　※冷凍OK
鶏もも肉…1/2枚　玉ねぎ…1/3個
にんじん…1/4本　塩、こしょう…各少々
オリーブオイル…大さじ1/2　水…150㎖
コンソメ（顆粒）…小さじ1/2
A｜バター…20g　薄力粉…大さじ2
牛乳…1カップ

1 鶏肉は3～4㎝角に切り、塩、こしょうをふる。玉ねぎは薄切り、にんじんは5㎜厚さのいちょう切りにする。
2 フライパンにオリーブオイルを中火で熱し、1を入れて2～3分炒める。水、コンソメを加えて一度煮立たせ、ふたをして弱火で6～8分煮る。混ぜ合わせたA、牛乳を加えて、とろみがつくまで混ぜながら煮る。塩、こしょうで味をととのえる。

シチュー風クリームソースのパスタ

材 料（2人分）
フライパンにシチュー風クリームソースを入れて中火で温め、表示時間どおりにゆでてザルに上げたスパゲティ（1.6㎜）200gを加えて混ぜる。

えびのトマトクリームソース

生クリームで濃厚＆リッチな味わいに

材 料（2人分）　※冷凍OK
むきえび…150g　玉ねぎ…1/3個
にんにく（みじん切り）…1片　塩…適量
オリーブオイル…大さじ1
A｜白ワイン…大さじ2
　｜トマト水煮缶（ホール）…300g
　｜コンソメ（顆粒）…小さじ1
　｜塩、こしょう…各少々
B｜生クリーム…1/4カップ　牛乳…大さじ2

1 えびは背わたを除き、塩をふって軽くもんで洗い流し、水気をふく。玉ねぎは薄切りにする。
2 フライパンにオリーブオイル、にんにく、1を入れて中火で2分ほど炒める。Aを加えてトマトをつぶしながら一度煮立たせて、ふたをして弱火でときどき混ぜながら4～5分煮る。Bを加えてひと煮して混ぜる。

えびのトマトクリームソースのパスタ

材 料（2人分）
フライパンにえびのトマトクリームソースを入れて中火で温め、表示時間どおりにゆでてザルに上げたスパゲティ（1.6㎜）200gを加えて30秒ほど炒め合わせる。

豚肉とまいたけのみそマヨソース

きのこのうま味も加わった、みんな大好きみそマヨ味！

材 料（2人分）　※冷凍OK
豚バラ薄切り肉…150g　まいたけ…100g
にんにく（みじん切り）…1片　ごま油…大さじ1
A｜みそ…大さじ1と1/3
　｜酒、マヨネーズ、水…各大さじ1
　｜しょうゆ…小さじ1/2

1 豚肉は4㎝長さに切る。まいたけはほぐす。
2 フライパンにごま油、にんにく、1を入れて中火で3～4分炒める。Aを加えて1分ほど炒め合わせてみそをなじませる。

豚肉とまいたけのみそマヨソースのパスタ

材 料（2人分）
フライパンに豚肉とまいたけのみそマヨソースを入れて中火で温め、表示時間どおりにゆでてザルに上げたスパゲティ（1.6㎜）200gを加えて30秒ほど炒め合わせる。

COLUMN 5

パスタ図鑑

パスタとは小麦粉を水で練った生地で作られるものの総称で、その種類は数知れず。ここでは、本書でも使用したロングパスタ、平打ちパスタ、ショートパスタの一部を紹介します。

ロングパスタ

長さ 25㎝前後の棒状で、太さや形によって相性のよいソースが変わってきます。基本は、細めにはあっさり味のソース、太めには濃厚なソースが合います。

カッペリーニ Ⓐ

イタリア語で「髪の毛」を意味し、直径 0.9㎜の極細パスタ。細くてのど越しもよく、スープの浮き実、オイルベースのあっさりした軽めのソース、冷製パスタに使うのが一般的。

フェデリーニ Ⓑ

イタリア語で「糸」や「薄い」という意味をもつ、直径 1㎜前後の細いパスタ。カッペリーニ同様、あっさりした味のソース、冷製パスタに合う。

スパゲティーニ Ⓒ

直径 1.2 ～ 1.3 ㎜ で、カッペリーニやフェデリーニより太く、スパゲティよりやや細い。どんなソースとも相性がよい。細めが好みならこちらを。

スパゲティ Ⓓ

イタリア語で「細い紐」という意味で、直径 1.6 ～ 2.2㎜のものを指す。あっさり味からこってり味までどんなソースとも相性がよく、オールマイティーに使える。

早ゆでタイプ

麺に切り込みを入れてゆで時間を短縮。ゆで上がった麺の断面は通常と変わらない丸い形状に。

※写真は「マ・マー 早ゆでスパゲティ FineFast」（日清製粉ウェルナ）。

リングイネ Ⓔ

スパゲティをつぶしたように、断面が楕円形をしている。名前の由来は「小さな舌」。スパゲティよりも平らな分、ソースとのからみがいい。濃厚なソースや、魚介系パスタに合う。

ブカティーニ Ⓕ

中心に小さな穴があいた、直径 2.5㎜ほどの太めのパスタ。しっかりした食べごたえがあり、クリームなど濃厚なソースとの相性がよい。

サラダ用スパゲティ Ⓖ

サラダ用に作られたスパゲティ。直径 1.2㎜、長さ 12.5㎝で小さな鍋でもゆでやすいのが特徴。ツルツルとのど越しがよく、マヨネーズやドレッシングとも好相性。

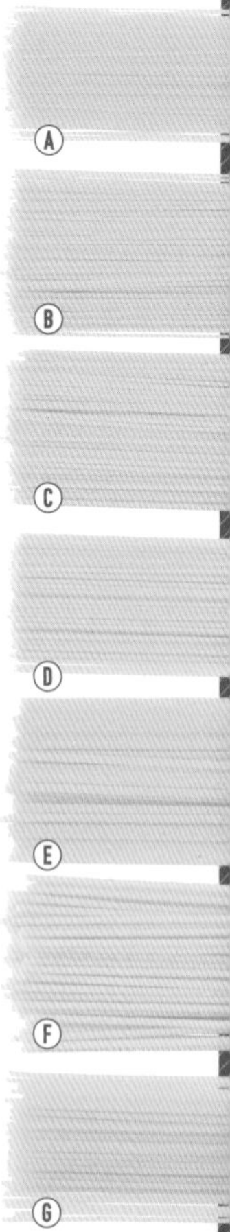

平打ちパスタ

日本のきしめんのような形状で、幅の広さによって名前が異なります。
表面積が大きいので、ソースがよくからむのが特徴です。

タリオリーニ

幅2～3㎜。平打ちパスタの中でももっとも細い。卵入り。かみごたえがあり、ソースとのからみやのど越しがよいのが特徴。クリームソースとの相性がよい。

タリアテッレ

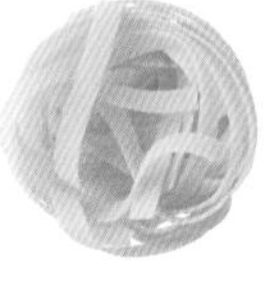

幅4～7㎜。イタリア中部～北部ではタリアテッレが主流といわれる。ミートソースなどの味のしっかりしたパスタ、濃厚なソースに合う。

フェットチーネ

幅7～10㎜。卵入りの平打ちパスタの代表格で、イタリア中部～南部ではフェットチーネが主流といわれる。トマトソースとの相性がよい。

ラザニア

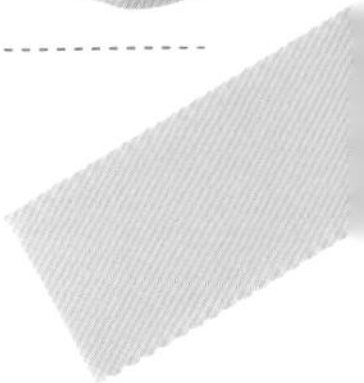

幅7～8㎝、長さ15㎝ほどのシート状パスタ。ミートソースやホワイトソースを重ねる料理「ラザニア」は、このパスタを使用したことによって名づけられた。

ショートパスタ

種類がたくさんあり、かわいらしい形が魅力のショートパスタ。
パスタ＆ソースのお気に入りの組み合わせを見つけるのも楽しみのひとつ。

マカロニ

もっとも一般的な円筒状のパスタ。日本ではショートパスタを総称して「マカロニ」と呼ぶこともある。サラダやオーブン料理、スープの具材などに使われる。

ペンネ

イタリア語で「ペン先」を意味し、両端を斜めにカットしたパスタ。ソースが筒の中に入りやすいので味がしみ込みやすい。「ペンネアラビアータ」が代表的。表面に筋がついたものは「ペンネリガーテ」という。

フジッリ

グルグルねじられた、らせん状のパスタ。溝が深いので、ソースがたっぷりからまる。どんなソースとも相性がよく、幅広く使える。

ファルファッレ

蝶の形をしたパスタ。周辺部と中心部で厚みが違うので、ゆで加減は慎重に。かわいらしい見た目を生かして、サラダやスープの浮き実にしても。

コンキリエ

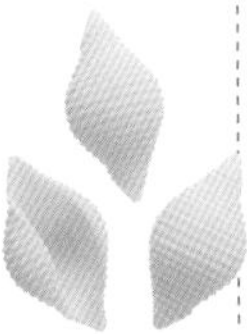

貝殻の形をしたパスタ。くぼんだ部分にソースが入り込むので、味がよくからむ。大きなものは「コンキリオーニ」、小さものは「コンキリエッテ」という。

リガトーニ

直径8～15㎜とマカロニよりも太めの円筒状で、表面に波状の筋が入ったパスタ。もっちりと弾力があり、どんなソースでもからみやすい。

※生産地やメーカーによって、パスタの呼び方や形状が異なる場合があります。

材料別パスタ索引

野菜・果物

※アレンジレシピ、P246 ～ 249 の作りおきパスタソースとそれぞれのソースを使ったパスタのレシピは含みません。

 ※アレンジレシピ、P246～249の作りおきパスタソースとそれぞれのソースを使ったパスタのレシピは含みません。

阪下千恵 さかしたちえ

料理研究家、栄養士。大手外食企業、食品宅配会社を経て独立。夫、2人の子どもとの4人家族で、子育ての経験を活かした、作りやすくて栄養バランスのよい料理が好評を博す。テレビ、書籍、雑誌、企業販促用のレシピ開発、食育講演会講師など多岐にわたり活躍。家族間での家事のシェアをテーマに、家事研究家としても活動中。『野菜もりもり スープこそ最高のごちそう。』(主婦と生活社)、『炊飯器でラクチンレシピ』『耐熱ガラス容器で毎日ラクチンレシピ』(いずれもワン・パブリッシング)など著書多数。

ブログ　https://lineblog.me/chie/
YouTubeチャンネル『Blue Terrace』
https://www.youtube.com/channel/UC3U7ukQOVvoBAgVVuGLqAIQ
Twitter　https://mobile.twitter.com/chie_sakashita

STAFF
撮影　武井メグミ
スタイリング　伊藤みき(tricko)
本文デザイン　大橋麻耶(maya design room)、ササキサキコ
調理協力　宮田澄香、岩間明子、大櫛千文、中島舞、藤田美咲
撮影協力　UTUWA
校正　くすのき舎
取材・文　横田悦子、吉野清美
構成・編集　石井香織(シーオーツー)

材料提供
(株)日清製粉ウェルナ
電話0120-24-4157(お客様相談室)
https://www.nisshin-seifun-welna.com/

今日は、どれ作る?
パスタ365

2023年3月10日　第1刷発行
2023年6月10日　第2刷発行

著者　阪下千恵
発行者　永岡純一
発行所　株式会社永岡書店
〒176-8518 東京都練馬区豊玉上1-7-14
電話03-3992-5155(代表)　03-3992-7191(編集)

DTP　編集室クルー
印刷・製本　クループリンティング

ISBN978-4-522-44021-6 C2077